总顾问／张祖林
总策划／罗应光　饶南湖
主　编／杨兴荣　杨　洋
执行主编／普洪光
本卷主编／蔡骏辉

秀甲南滇 礼乐名邦

云南出版集团
云南人民出版社

《文化玉溪·通海》

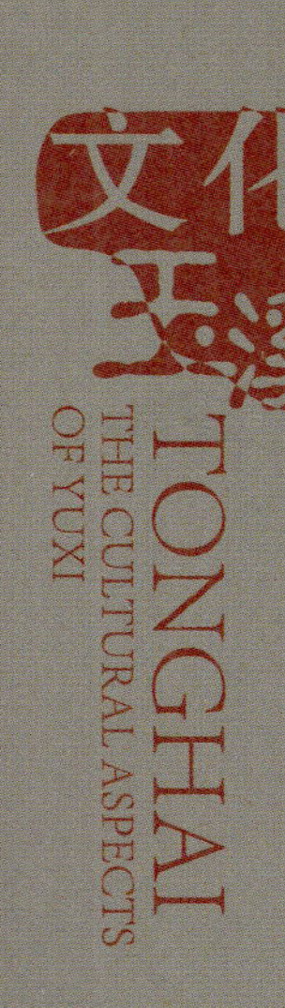
文化玉溪
TONGHAI
THE CULTURAL ASPECTS
OF YUXI

通海

图书在版编目（CIP）数据

文化玉溪．通海 / 蔡骏辉主编．-- 昆明：云南人民出版社，2015.12

ISBN 978-7-222-13904-6

Ⅰ．①文… Ⅱ．①蔡… Ⅲ．①文化史—通海县 Ⅳ．①K297.43

中国版本图书馆 CIP 数据核字 (2015) 第 285867 号

TONGHAI
THE CULTURAL ASPECTS
OF YUXI

创意策划： 云南出版集团公司产业发展部
出 品 人： 刘大伟
责任编辑： 刘 焰 苏映华
设计总监： 袁亚雄
装帧设计： 雲南非鳥文化傳播有限公司
责任校对： 文艺蓓
责任印制： 洪中丽

【文化玉溪·通海】

主编： 蔡骏辉
出版： 云南出版集团 云南人民出版社 // **发行：** 云南人民出版社
社址： 昆明市环城西路 609 号 // **邮编：** 650034
网址： www.ynpph.com.cn // **E-mail：** ynrms@sina.com

开本： 787mm×1092mm 1/16 // **印张：** 17 // **字数：** 110 千
版次： 2015 年 12 月第 1 版第 1 次印刷 // **印刷：** 玉溪玉报印务有限责任公司

书号： ISBN 978-7-222-13904-6 // **定价：** 59 .00 元

如有图书质量与相关问题请与我社联系
审校部电话：0871-64164626 出版部电话：0871-64191534

总序

聂耳故乡、生命摇篮——玉溪，是一座风光秀美、地灵人杰、文化独特的城市。

玉溪位于彩云之南、滇中腹地。东南与红河州相连，西北与楚雄州接壤，西南与普洱市交界，北部与昆明市为邻。昆（明）曼（谷）高速公路和泛亚铁路，像两条长长的游龙在玉溪的山水间穿越，市内四通八达的交通网络像经脉一样，连接着自然与人类、地域与认知、景色与情感，使玉溪成为通往东南亚、南亚的重要交通枢纽。玉溪独特的区位，波状起伏的高原地貌，立体温润的气候，像一双无形的手，把巍峨连绵的群山、逶迤清澈的溪流、毗连成群的湖泊安放在1.5万平方千米的大地上，成就了一幅气势磅礴、美丽绝伦的山水画卷。千百年来，勤劳智慧的玉溪人民，在“画”中播种着希望，收获着幸福，创造着多姿多彩的地域文化。这些文化星罗棋布，在这块神奇的土地上大放异彩，于是玉溪的山有了血脉，水有了情怀，人敢于担当，文化有了个性。

玉溪的山有血脉。5.3亿年前的古生物化石，是“生命的开始之地”、世界级自然遗产——澄江帽天山的血脉；以牛虎铜案为代表的青铜文化，是古滇国的核心区、国家级文物保护单位——江川李家山的血脉；记录古今文人墨客足迹、抒发政治家豪情、充满人生哲理的匾联文化，是秀甲南滇的通海秀山的血脉；在密林深处延伸着青春梦想的茶马古道、元江哈尼人雕刻在云里雾里的那诺梯田，用婀娜多姿的舞蹈和华美的服饰再现着古滇王国辉煌的花腰傣民俗文化，是新平戛洒自西北向东南一泻千里的哀牢山的血脉。山有了血脉，就有了生命、有了魅力！

玉溪的水有情怀。高远、包容、厚重是玉溪水的情怀。玉溪是一座潭泉、湖泊拥抱着的城市。这里溪流纵横、蜿蜒前行，滋润着万顷田畴，最后汇成南盘江和元江而奔向远方的大海；这里湖泊成群，抚仙湖、星云湖、杞麓湖和东风水库、飞井海、碧湖、玉湖等自然之湖和人工之湖像明珠一样在滇中大地闪烁着耀眼的光华。以清澈（Ⅰ类水质）、深邃、厚重、美丽为特质的抚仙湖蓄水量就有206.2亿立方米，占全国淡水湖泊的近1/10、占云南省九大高原湖泊的67％，是滇池的12倍、洱海的6倍。而且抚仙湖千百年来还守护着一个在地平面消失了的古城秘密，中央电视台两次水下探秘，也未能揭开水下古城神秘的面纱。玉溪水的特质，是玉溪人所具有的高远、包容、厚重精神的自然呈现。

玉溪的人敢担当。千百年来，在风云际会的历史舞台上，活跃着玉溪籍风流人物的身影。“军政双全”的三国蜀臣李恢、直言敢谏的明代言官王元翰、一生忠义的明朝大学士雷跃龙、政绩卓著的清代名臣赵士麟等，他们凭着一腔热情和担当名垂史册。禁烟运动的思想先驱朱嶟，冒着被贬的风险举荐林则徐，成就了虎门销烟的壮举。辛亥革命的枪炮声中打出的罗佩金、李鸿祥、谢汝翼、郑开文等玉溪籍将军群，在“重九起义”、援川、西征等战斗中建立功勋。在最危险的时候，聂耳谱写出时代最强音《义勇军进行曲》的旋律，发出中华民族最后的吼声。“滇军完人”唐淮源在中条山战役中率领将士抒写抗战史上最悲壮的一页。他们的民族气节惊天地、泣鬼神，他们的精神激励着一代又一代中华儿女，冒着敌人的炮火前进！还有落笔惊风雨的草书大家阚祯兆、钩摹勒石撰法帖的书画大家周於礼、文化交流的友好使者纳忠和纳训、主持翻译出版《资本论》的郑易里、缔造白药传奇的曲焕章，他们用知识和智慧造福人类，用心血和创造抒写灿烂人生。今天的玉溪人，血管里涌动着先辈的血液，正以敢为天下先的精神奋力前行，创造了“红塔山”奇迹，使玉溪戴上了“中国十佳休闲宜居生态城市”“国家园林城市”“国家卫生城市”“十佳和谐发展城市”“中国特色魅力城市”等桂冠，玉溪近十年就为国家和云南省上缴税收两千多亿元。

玉溪的文化有个性。玉溪是美丽中国版图中的一个部分，玉溪文化是中华文化这个母体中孕育发展的区域文化。长期以来，玉溪文化在传承本土文化中发展、在吸纳中原文化和其他文化中创新，自然与中华文化血肉相连，承载着中华文化的基因，呈现着多元文化的特质。但由于地理环境、历史人文、经济政治条件等方面的差异，玉溪文化在几千年历史文化积淀的基础上，也形成了自己的个性。玉溪的奇山秀水和万顷田畴就是这种文化个性形成的自然基础，像星星一样闪烁着光华的文物古迹就是这种文化个性的历史结晶，多姿多彩的民族风情就是这种文化个性的风俗再现，美丽的乡村、亮丽的城镇就是这种文化个性的时代见证。从微观看，玉溪文化的个性就是元江的它克崖画，就是玉溪人崴天下的花灯，就是玉溪窑烧出的一件件青花瓷器，就是世界上历时最长的节日——玉溪米线节。一句话，玉溪文化的个性就是千百年来玉溪人血液里流动着的敢为人先的精神气质！

玉溪文化的个性需要挖掘、需要审视、需要梳理、需要再现。“文化玉溪”丛书采用“1+9”的结构，即以一个综合卷为概览，综合介绍全市最精彩的文化现象。九个县区分卷，则分别介绍各县区的文化特色。“文化玉溪”丛书力图用历史的眼光，从文化的视角，对玉溪文化进行挖掘、梳理和审视，并用文化散文的形式，图文并茂地再现玉溪文化的精彩和个性。“文化玉溪”丛书的编辑出版，对于传承玉溪历史文明成果，促进玉溪文化繁荣，提升玉溪知名度，凝聚全市人民的智慧和力量，在实现中华民族伟大复兴中国梦的征程中，干在实处、走在前列，必将发挥重要的作用。

目录

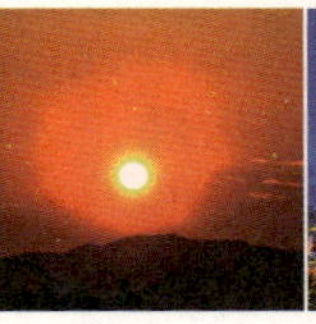

山水文章

明倫堂
泮池

礼乐名邦

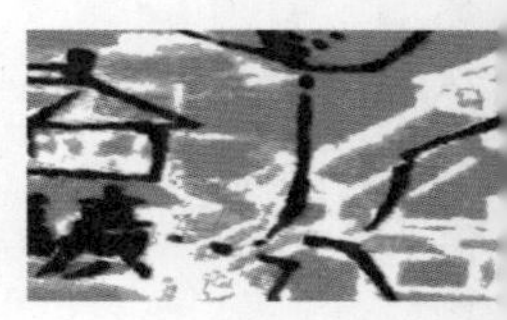

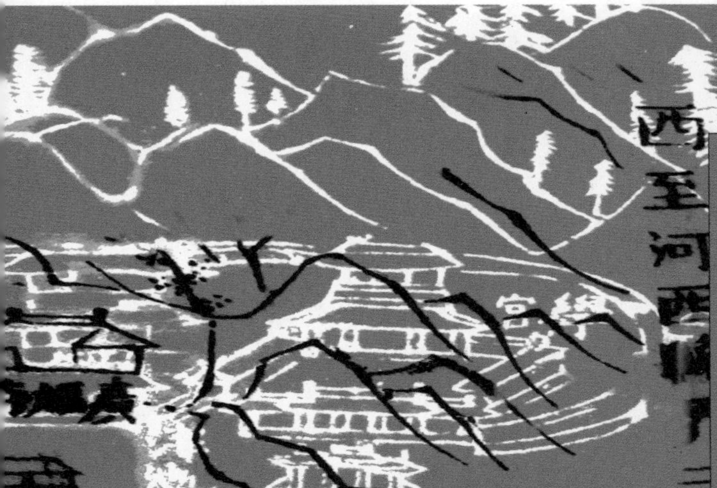

“礼乐名邦”是通海最亮丽的名片，她蕴含着通海的精神高度和文化厚度，显示了这个地方最伟大的人文品质。通海由此而成为一个妙不可言的流动着文化气韵的地方，这是通海的文化之根，是通海的文化基因。因此从古至今，通海都具有着一股非凡的文化力量，也正是这股力量不仅塑造了通海的过去，而且一直推动着通海向前发展。

穿越千年古郡的礼乐光影

在那些恍如梦境的史迹里，我们逐渐明白一个简单的道理——人的精神从这一时空到另一时空，是非常重要的流动。从某种意义上说，寻找过去与规划未来，同等重要。事实上，时间是有魔力的，它令我们对先人历史的追寻充满无限的热情。当我们面对这块土地时，时空的波谲变幻与现实文明的绚丽多彩，让我们激情肆意，以至在叙述通海上千年的历史时，我突然有了一种游走其间的感觉……

通海意象

通海无疑是大自然的一件迷人的艺术品，它暗自契合了人类生存发展的基本原则，自然生长在杞麓湖畔，在物质、精神、文化等方面，都有自身的光彩和魅力，更蕴含着一种夺人心魄的山水哲学。

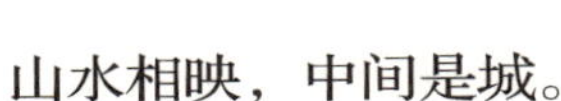

山水相映，中间是城。

山，是“云南四大名山”的秀山，小巧玲珑，幽雅秀丽。

水，是“高原明珠”的杞麓湖，山环明镜，碧波荡漾，外形像一轮弯弯的月亮，纯洁沉静，淡雅迷人。

城，是“礼乐名邦”的通海古城，因南枕秀山，1984 年 12 月更名为秀山镇。它介于东经 102 °30′ 25″ ~ 102° 52′ 53″，北纬 23°65′11″~ 24° 14′ 49″ 之间，海拔 1820 米，位于通海县东南部，杞麓湖南岸，属滇中南要塞。这里，距省会昆明市 125 千米，距玉溪市 47 千米，全县总面积 721 平方千米，总人口 30 万余人。从古至今，这里经济发达，人文昌盛，被誉为“冠冕南州”“秀甲南滇”之城。城内拥有许多独特的历史文化遗产。其中，秀山历史文化公园属全国重点文物保护单位、国

家 AAAA 级风景区，通海古城已是云南著名的历史文化名城。

缥缥缈缈的烟雨，青碧湛蓝的湖光，苍翠欲滴的山色，青春勃发的古城。一切都那么和谐自然，一切都那么惟妙惟肖，时常令人感到通海的山水中似乎永远流动着一种厚重、崇高、灿烂的文化光华。

城枕着山，山拥着城，城傍着水。这种亲密关系，使古城永远充盈着青山安恬的情愫。古城，在山的怀抱中，真是惬意极了。清代著名诗人、书法家钱南园在《雨宿通海》中写道，“孤城临水背依山，忆在江南烟雨间”，正是通海山水城郭的光辉写照。

事实上，当人们一提到秀山，必然想到“通海”。一想到“通海”，水的意象就会立即在人们的眼前或意识里显现出来。的确，通海古城是一个通向海洋的地方。一般人很难想象，云南高原上竟然有这么一个与“海”相通的边城？从真实的水的形体与意象来说，是指通海古城北面有一个碧波粼粼的杞麓湖，它的水从湖东的“落水洞”，秘密地通过地下河，流入曲江和盘溪镇的三江

通海全景（山水古城，通江达海）

通海古城的现实，太美妙了。它果然是一个收藏着奇异之梦和动人故事的地方，到里面去寻找在幻象中散步的感觉吧

口，与南盘江汇合，进入珠江，最后流向真正的大海——南太平洋。

这个洞在通海可以说家喻户晓，老幼皆知，它是通海的一项类似于“都江堰”的水利工程。这个洞是一位聪俊过人的古代僧人李畔富发现的，他在云南喀斯特地质中寻找一个繁复、多变、迅捷的动词，一个表达手与洪水的出神入化的动词——穿。他用“卓锡”一穿而通，落水洞就诞生了。因此，他成了人们心中的一位“圣人”，被通海人誉为“神僧畔富”。而有关他治水的事迹在一代又一代的通海人的口里，变成了一个美丽的“传说”，一个优美的“神话”。人们今天到了秀山普光寺，看到他的“洗钵池”和“畔富墓”，看到通海的先人为纪念他而建立的“畔公影堂”和“畔富塔”时，就会想起那个神奇的故事。

过去的通海是一个泽国，人们住在四周的高山上，以打猎和种苦荞为生。后来，李畔富在杞麓湖东边的石笋丛中一站，用禅杖一戳，地上立即出现了一个巨大的落水洞，湖水从中泄下，一会儿，万顷良田出现在人们眼前。通海人从此

❶ 杞麓湖从不给古城带来充满着凶悍之气的惊天动地的涛声，日日夜夜却送来带着腥味的轻波微澜之音

❷ 晨雾泛舟杞麓湖

❸ 杞麓湖夕照

种谷养桑，安居乐业，过上了幸福的生活。

这个关于使用手杖的非常普通的动作，一穿就穿出了一个洞，一穿就穿越了通海人的梦。这个动作发生在七百多年前的元代，现在看起来非常轻松和浪漫。现在，人们已把这个故事命名为“畔富治水”。治水就不是简单的事情，是关乎民生的大事，是从滔滔洪水中拯救民众、创造良田的历史壮举。李畔富用的是锡杖，一种锐利的金属工具。他在湖东的石头与石头之间的漩涡中穿凿，这既需要勇气和力量，又需要学识和精神，这一切，他都付出了，因此，他成了真正的英雄，成了人们顶礼膜拜的神。

落水洞周围悬岩峥嵘、峭壁高峻。当湖水高涨成灾时，通海人就开洞泄洪。每当那个时刻，只见岩边湖水形成一圈圈漩涡，咆哮翻滚，速度越来越快，最后沉入洞中，只听到山岩肚内响声如雷，令人惊骇。

杞麓湖因为有了这个神奇美妙的落水洞，水就变得清澈和愉悦了，没有人再把它视为可怕的洪水，四周青山的溪水汇集起来，从这个洞中泄出。人们不禁要问，那么多的水，究竟流到何处去了呢？聪明的农人把一担又一担的粗糠撒入洞中，让它们随水流而去，然后分头到方圆几十里的山川河谷，寻找粗糠的影踪，这种高明的方式，很快就破解了落水洞的秘密。原来，这里的水，在地下流经宁海关、冯家营、杨广、大新村、咱乐、高寨村等几十个村庄之后，在数十千米以外邻县的龙潭河里露面，之后，流经曲江、盘溪三江口，与南盘江汇合，进入珠江，流向真正的大海——南太平洋。

1

2

杞麓湖因此成了珠江源头的一个重要湖泊。它清澈的湖水，把云南南方土地上的气息、激情、呼吸和精神，带入了更宏阔的空间，进行更富有史诗性的漂泊和组合，由此开启了海洋对我们脚下这块土地的认证史：高原上的一座边城与海洋世界的精神联系。

但是，这却不是“通海”的真正意象或含意。它最具有精神高

3

❶❷通海夜景

度和历史厚度的含意，一直隐藏在一条路的历史记忆里。这条路是一条古驿道，名叫“通海城路”，它的雏形最早出现在东汉时期，到了唐代，它的地位已经非同小可，成为南下交趾（今越南），北入滇中，再入巴蜀，西与缅甸、印度相连的交通动脉，通海即是这条交通动脉上的枢纽之地。因此，人们便以通海之名为这条古驿道命名。这一切在《新唐书·地理志》和《蛮书》中，已经有明确的记载。现在的云南人对这条古驿道已经有点淡漠了，一方面缘于1910年滇越铁路开通之后，通海的交通优势逐渐失去；另一方面缘于人们对它的误解，许多人望文生义，把它认为仅仅是通海古城里的某一条街、某一条道，从而掩盖了它作为云南古代交通史上一个非常重要的历史地理概念的灿烂光辉。其实，当我们的目光重新触摸这条古驿道时，我们会发现它的魅力和力量，而这种魅力和力量足以改变我们对滇南历史的许多认识。事实上，“通海城路”自古就是一条“官马大道”，它与滇西北的“茶马大道”和“博南古道”不尽相同，即它不仅是一条“商道”，而且是一条重要的“官道”。早在公元前111年，汉武帝就在今天的越南北部设置“交趾郡”（今越南河内）、“九真郡”（今越南清化）、“日南郡”（今越南广治）。同时在云南设置“益州郡”。当时，西汉的统治力量是一本古代《通海县志》上的“地图”，让人们看到了通海古城在明代那个遥远时空中的“模样”

从沿海到达“交趾郡”，又通过“交趾郡”到达“益州郡”，再通过“益州郡”来实现对云南和巴蜀的统治。唐朝初期，继隋朝之后仍在今天的越南河内一带设置“安南都护府”。唐王朝的统治力量从“安南都护府”经过“通海城路”，到达“拓东城”（今昆明），从而紧紧地控制了云南，巩固了云南的统一。同时，通过“通海城路”也沟通了印、缅与“安南都护府”的联系。在南诏时代，无论是南诏国与唐王朝关系“亲密”时期，还是南诏国为了摆脱唐王朝的直接统治而发生“天宝战争”的年代，“通海城路”都是由安南进入云南的重要门户，唐王朝与南诏国之间的许多重要联系，更是通过“安南都护府”和“通海城路”来实现。特别是在“天宝战争”中，王知进率领的一路唐兵，也是从安南出发，经“通海城路”征讨南诏国。这场战争以唐王朝彻底失败而告终。

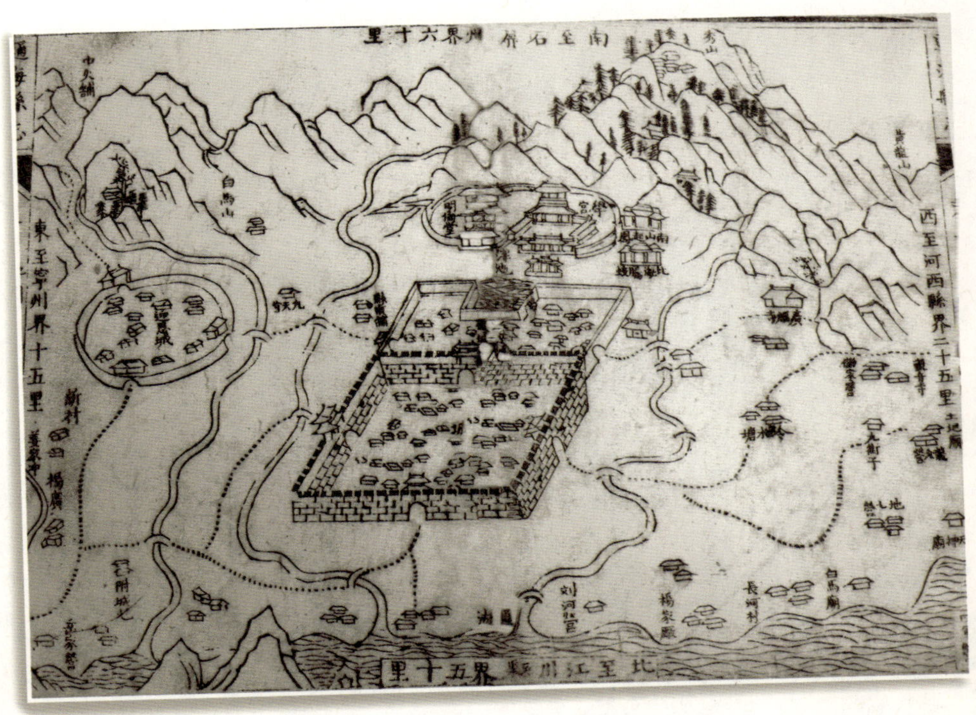

南诏国因此迅速崛起，他们从大理洱海一带出发，乘势东扩，完全控制了“通海城路”所属的东南全境。为了巩固它的统治势力，南诏国在新开辟的疆土上建立了“拓东城”和“通海郡”。这两个同时出现的城市，寄托了南诏国“远大”的政治理想，一个表明它还要继续向东拓展，一个显示它要让自己的势力通达海上的意思。这个政治理想很快得以实现，从唐大中十二年至咸通七年（858—866年），南诏国的统治者率领号称十万之众的官兵，以“通海”为前沿据点，侵扰并占据唐王朝的“安南都护府”达8年之久。“通海”就在这个时期，迅速成长为滇南地区最早的城市，也是那个时候中国南方最边远的城市。

当然，作为一条黄金商道的“通海城路”，在云南历史上也辉煌了数百年。宋代大理国时期，这里已兴起纺织、铜器制造等手工

❶ 民国初年的通海古城

❷ 清末民初的某一天，通海古城的街道上突然热闹非凡，他们正等待着“高台”的来临，那是这座古城的“艺术盛宴”

业。明代在这里戍兵屯田，大批江南军民带来了先进的生产工具和技术，使纺织、制革、马具等手工生产有了突破性的发展。特别是清代后期，每日进出通海的马帮达到两千多匹，个旧销往内地的大锡、从越南进口的洋货、内地销往国外的土特产品等等，都通过“通海城路”，并在通海集散。因此，这里商业兴盛、文化繁荣，昆明所需的通海土布、酱油、铁

农家具、马用皮件、马鞍架、马掌、马钉、滇南一带的中草药，以及从广州、香港运来的英国洋纱、火炮、纸张、鸦片、玻璃器具，必须人挑马驮，从这里经过。更由于“通海城路”的存在，许多人通过“走厂”“走夷方”“赶马帮”“走烟帮”，把一个个村寨经营成了一个个实际意义上的城堡。这些村庄、古镇、矿山、古寨，从此逐渐成为一个个古典、优雅、洋气又险象环生的地方。也就是在这一时期，通海城内太和街一带，大、小马店无数。昆明有的货

物，这里应有尽有。甚至在昆明买不到的东西，在这里也可购到。唐代诗人杜牧笔下的“千里莺啼绿映红，水村山郭酒旗风”的美景，也在边城“通海”出现了。探求“通海”的历史，我们对通海这样的一座边陲古城充满了许多美好的猜想。可以说，通海一直是“官”与“商”联系云南并通达海上所必经的一座边城，是名副其实的“通海”。它给云南、巴蜀，乃至印缅带来了什么？它曾演绎出多少传奇故事？

礼乐名邦

清乾隆年间，朱阳走马上任来到通海，衙门冷冷清清，三月不见一讼。微服私访所见所闻才让他明白，通海乃礼乐之邦。今天，成都才子杨千成，50年与秀山耳鬓厮磨，让他看到了通海的昨天和今天，从而发出“礼乐融注于林间，名邦实与名符”的赞叹。

在通海文庙厚重的大照壁上，“礼乐名邦”四个大字如斗。见字如见人，字写得平正遒劲，透着敦厚古朴神韵，可见作者挥毫时一丝不苟的庄重神态，这是作者怀着肃然起敬的心情写下的四个大字。

题写这四个大字的是福建漳平人，清乾隆壬申进士，通海县令朱阳。朱阳，字桐野，号菁溪。说起他到通海来任县令，民间还有一段趣话：

这天，正在翰林院候任的朱阳手持《中庸》来到御花园中，读累了，就躺在石椅上歇息。这时，正在思量着派谁去云南就任通海县令的乾隆皇帝走进御花园来了。乾隆见到朱阳，顿时产生“踏破铁鞋无觅处，得来全不费功夫”的欣喜。于是，他便亲切地向朱阳问道：“爱卿在此何事？”朱阳见是万岁驾到，慌忙翻身下椅，跪在地上答道：“臣在此读《庸中》”，慌乱中的朱阳把《中庸》说成

礼乐名邦文意深邃，古老悠远的小巷

了《庸中》，正在高兴头上的乾隆也不生气。有些才气的他，也把“云南”和“通海”倒过来，诙谐地口谕了对朱阳的任命：“朱爱卿，你《中庸》不读读《庸中》，孤家遣你‘南云’做‘海通’。”

且说朱阳走马上任来到通海三月，衙门冷冷清清不知是何原故。于是，勤政的县令便乔装打扮一番，一个人悄悄溜出了衙门，来到聚奎阁下，只见阁下顺街摆放的四条大青石上，端坐着八位手持旱烟袋的乡老，他们一面悠然自得地喷云吐雾，一面为两个乡人排解纠纷。少时，两个乡人言归于好，笑着离开了聚奎阁。

哦，没有公堂的威严，也没有公堂上县令一人说了算的霸道，大家都在心平气和地陈述自己的理由，好像他们都是为了一个目标：寻找乡人和睦相处之道。

朱县令大为兴奋，明白了县衙门之所以冷冷清清的原因。

孔子弦诵

他又连续微服私访了几处乡下，所见又都是讲文学、习礼义的文明气象。于是，这位由乾隆皇帝亲选来到通海任职的朱县令立即将自己的所见所闻奏报朝廷，乾隆看奏后不由得连声称赞：“真乃礼乐之邦也！真乃礼乐之邦也！”上峰旨意传到通海，朱县令又起了再一次考察通海有无真才实学之士之心。于是，提笔亲书“礼乐名邦”四个大字一式三份，又将每个字按上下左右结构分别拆开，然后召集通海士子要他们重新组合起来。只见一士子看后，略加思索，竟按原来笔势把“礼乐名邦”四字组合起来。朱县令大喜，遂将“礼乐名邦”四字刻石嵌于南门月城内照壁之上。又书“士秀民良”镌刻在东门外之牌坊上。

清嘉庆二十二年（1817年），又一位福建进士龚正谦走马上任来到通海。龚县令又被通海的文风民情感动，常常击节赞赏“礼乐名邦”对通海的赞誉甚确。于是，又在他的任内将月城照壁和东门

“礼乐名邦”无处不在的文化气息

外牌坊修葺一新。每逢佳节，都要在月城照壁上张灯结彩，把“礼乐名邦”四个大字照耀得分外光彩夺目。

世事沧桑，1951年，通海盗匪禁绝，用以防御盗匪的城墙被拆除，“礼乐名邦”四字被藏于县文化馆。1981年，修缮通海文庙大照壁，“礼乐名邦”四字就被嵌了进去，成为光彩照人的通海名片。

成都才子杨千成，1959年大学毕业就来到通海任教，与秀山耳鬓厮磨50年，通海的礼乐文化让他在一次又一次的登山中感悟甚深。秀山的匾山联海让他看到了通海的昨天：“状元访同年于通邑，宗周赋幽栖之野兴”，“知府尊县令为前辈，相携吟啸于寄亭”的“绝弃文人相轻之虞，深涵惺惺相惜之忱”的发自肺腑的文人相亲；“山径逶迤，清泉流注”又让他看到了通海的今天：“翁媪相扶而闲步”和游女引伴汲水“循序待泉，闻笑语声声”的文明，从而发出“礼乐融注于林间，名邦实与名符”的赞叹。

秀山，滇南灵山

通海古城南面有一座秀山，不算雄奇险峻，却清静、雅致、灵秀，是一座让人惊叹的灵山。古老精致、雕梁飞檐的牌坊下伸展出一条条弯弯的生长着青苔与花草的石阶，长长的石板小径掩进浓浓的绿荫，浓浓的绿荫又掩没了些碑刻和亭阁。

秀山，实际上已与通海古城连成一体，老人早晨晒太阳，居民晚上纳凉，在街上走着走着自自然然就上了秀山，顺手还汲来一两壶清冽的泉水。通海人都说这水养人，是煮菜和品茗时不可缺少的东西。

此山是通海古城的一个重要文化标志，与古城相依相偎，融为一体。这座灵山的存在，不仅大大提高了通海古城的知名度，而且它的终极意义是证实了云南南方在某些方面所具有的人文高度和精神厚度。

这里的风景资源开发久远，从西汉毋波将军始建古刹至今，已有两千多年的历史，留下了大量人文、自然景观。昔人对它有“秀甲南滇”和“迤东之冠”等诸多赞誉。山上的寺观庙宇、楼台亭阁一百多座，历经唐、宋、元、明、清五个朝代，今尚存句町王庙、三元宫、普光寺、玉皇阁、清凉台、涌金寺、白龙寺等七组主要建筑，它们因山势而立，紧凑有序，张驰得当，既相对独立，各具特色，又相互呼应，一气呵成，组成绚丽多姿而又和谐统一的建筑群。最古老的句町王庙，建于五代，已有千年的历史。其他如普光寺、涌金寺、清凉台和玉皇阁等建筑物，分别是唐、宋、元、明等不同朝代的建筑遗存。有的悠远神奇，有的巍峨宏大，有的意境空灵，有的光彩夺目。尤其是涌金寺和清凉台，最具有特色。涌金寺，禅院壮观，规模宏大，《云南通志·寺观》称“游此山者，每称滇南名胜，此处极佳”。清凉台，建筑精巧，别出心裁，有“古殿风生六月寒”的妙处。秀山上众多的古建筑，已列为全国重点文物保护单位，其特色鲜明，内涵深厚，凝聚了历代的建筑工艺、历史内容、文化特色，可以说是一部“凝固的史书”。山上，还有历代名人题写的匾额100块、楹联200副，几乎无额不匾，无楣不联，无壁不诗，故有“匾山联海”和“山林诗苑”之称。

秀山的另一个特色就是秀丽。它海拔约2060米，垂直高

万寿宫一景

度约 200 米，方圆不过 7.6 平方千米，却千峰含翠，万树如云，浓荫蔽日，芳草如茵。而且，随着方位和景点的变化各具特色。山之东，杉罗栗树，青翠欲滴；山之南，古柏青松，参天矗立；山之西，密林浓荫，幽雅宁静；山之北，翠竹如屏，清静典雅。秀山，一年四季，花气迷人，秀色可餐，无不各尽其妙。

对于秀山来说，句町古国是其历史的开篇。然而它就像一个影子，使秀山永远笼罩在一片古老的迷雾中。秀山也因此显得更加神秘、悠远。

在孱弱的蓝光中，《史记》《汉书》《唐书》和《元史》之类的典籍告诉我们：通海历史上曾经有一个古老的句町国存在。可是后来，它消失了，就像一个黑影，消失在古滇国历史的深渊里，就像根本没有发生过一样。多年以来，通海人特别留意打捞有关这些历史之谜的浮萍和水草，执意要进行一次冒险，执意要去寻找一个名叫“句町”的古国。

战国初期，滇国就像一件神奇的艺术品，隐藏在滇池一带的山水丛林中。至公元前 279 年，才引起楚国的注意。于是，顷襄王派大将军庄蹻率军通过黔中，向西南进攻，直达滇国。以后，秦国逐渐强大起来，黔中地区被秦军占领，因此，庄蹻与楚国失去了联系，只好留滇称王。据《唐书》及《元史》记载：“庄蹻王滇居河西杞麓湖之南。”而当时的滇东南和黔西地区存在着“夜郎”“句町”“漏卧”“苴兰”等随畜迁徙的部落。庄蹻便把杞麓湖之南的

“句町王庙”（清乾隆年间，通海县令江宏道题，钟岳代书）

曲径通幽，苍翠欲滴，这样的“意境”诱惑着人们走进秀山的深处。

“句町部”，建成了滇国的“国中之国”——句町国。

到了汉昭帝始元四年（公元前83年），昆明的廉头人、大理的叶榆人和姑缯人联合反抗汉朝。在这场内乱中，当时的句町侯毋波（庄蹻的曾孙）站在汉朝中央一边，带领本地军队和百姓，协助汉朝军队，平息了这次内战，维护了国家的统一。在这场轰轰烈烈的“平乱安邦”的“战役”中，句町侯毋波取得了“斩首捕虏五万余级，获畜产十余万”的辉煌战果，因而被封为“句町王”。毋波封王之后，在通海一带，文武兼治，施惠于民，曾使句町国盛极一时。所以就在城南的“青山”上建“青山寺”（今涌金寺），在山腰辟“句町园”，公开纪念自己的“功名”。毋波去世后，滇东、滇南一带的村寨都建有“土主庙”，每年正月三十至二月初二，人们都要对句町王进行隆重祭祀，以求他的保佑。特别是在壮族地区，“句町王”已是壮民们心目中的保护神。到了五

代后晋天福二年（937年），南诏派往通海的节度使段思平，凭着他在滇东南一带的威望，会盟37个蛮部大军，攻占大理，灭了杨干贞的“大义宁国”，创立了长达22世315年的“大理国”。段思平起兵之前，曾召集诸蛮首领到“秀山神祠（土主庙）”，设坛问卦，占卜吉凶。因而得到“青山”神明的启示和保佑。所以，段思平执政后，立即把“青山”改为“秀山”，把“通海郡”改为“秀山郡”。并在秀山上兴建六大寺庙，铸铜佛180余尊，以报答秀山之神明。其中，句町王毋波理所当然地被段思平尊为最灵验的土主之神。因此，段思平把建筑规模很小的土主庙扩建成一个四合大院的“句町王庙”，里面铸有庄蹻、毋波二王的金身铜像。山门原有“句町王庙”的匾额，大殿上一直悬挂着清代云贵总督巴锡题写“大义激华夷”的楹联：祖启土，孙开疆，忠义一门，无愧河山正气；入鸣钟，出列鼎，王侯累代，居然边塞功臣。这里的“祖”，指的是“滇王”——庄蹻，“孙”即是“句町王”——毋波。此后，段思平还请来几十个高僧，在秀山上设坛讲佛。从那时起，秀山成了滇中“佛国”，声名大震，后被列为云南四大名山之一。

据说，“句町”是壮族语言，有“九部联盟”的意思。因此，“句町王国”的创建一定与壮族有关，它给后人留下了许多不解之谜。这个古老而迷雾重重的王国，自西汉至东晋，共存在了五百多年。它的都城旧址究竟在什么地方呢？据多方考证，有专家认为就在通海古城的“北城里”。通海历代旧志及先人传说，也都认定通海为古之句町国首府。明代陈其力撰于隆庆五年（1571年）的《重修通海秀山涌金禅林碑记》也称“其域古句町国”。清代乾隆年间通海举人钟岳在《逋翁亭记》中也说：“句町，山水国也。国之南有峰如螺，屹然云表，状若三台者，秀山也。”

这样的“叙事”对于“秀山”的历史，也只能是一段缺乏诗意的解说词，或者说，是一份具有“想象力”的“历史资料”。当然，我们不会因此失去对秀山的探秘，失去对秀山的信心。相反，越来越多的人认为：在通海秀山发现了古滇国的“国中之国”——古句

段思平浮雕

❶ 儒释道三教集于一山，秀山道教圣地玉皇阁

❷ 普光寺内以宣光纪年的“乌龟碑”，既增加了秀山的文化重量，又增添了秀山历史的说服力

町国遗址。

明代著名旅行家徐霞客来过通海，以他独特的观察角度和叙述方式，竭力寻找通海及秀山最有分量、最有真实意义的那部分。在我心中，徐霞客首先是一位伟大的梦想家，其次才是旅行家、作家和学者。他每一个深深的脚印让他直接占有了他梦想的一切，而他占有了的一切又丰富着他的梦想。他于明崇祯十一年（1638 年）五月初九日，从黔南普安州进入曲靖，经寻甸至昆明，从昆明出发，路过晋宁、新兴（玉溪），直达通海。在通海，他游览了秀山、杞麓湖、建通关。并在《徐霞客游记》中做了详尽的记录。但是，这部分内容，即《徐霞客游记》第五卷上册，关于他入滇至通海的记录，在辗转、校阅中，遭兵燹被毁。因此，我们今天已无法分享他完整的“秀山之梦”。但这个深刻的梦并没有被他抛入记忆之外。他走下秀山，走出通海之后，还在延续和扩大着“秀山之梦”，还在用他的笔墨，书写和支持着这个深刻而独特的梦，他反复用这个“梦”去与别处的“梦”进行对比和融合。因此，在《徐霞客游记》关于其他地方的记录中，我们

还可以寻觅到他在通海及秀山上的“脚印”。

之一，关于秀山玉皇阁及茶花的回忆：

“……过通海县，游县南之秀山。上一里半，为颢穹宫，曰：红云殿。宫建自万历初，距今载六十年，宫前山茶二株，山茶树遂冠南土。”

之二，他在游览蒙自黄草坝时，又想起了通海：

“迤东之县，通海为最盛。”

之三，有一天，他在对比几个关隘时，难忘险峻的“建通关”：

“所度诸山之险，远以罗平、师宗界偏头哨为最。其次则通海之建通关，其险峻虽同，而无此荒寂。”

秀山雪景

这是几个跳动而厚实的“脚印”，通海及秀山是被一个伟大的

灵魂漫游和丈量过的地方，因而在气质上获得了“历史的尊严”和“史诗的品质”。

现在，我们移步在秀山的路上、桥上、树林中、石板上、寺院里，阅读着它的斑斓历史和精彩的故事，就像是在杨慎、徐霞客、阚祯兆、朱德、张恩浩等关于秀山的“文字”里梦游，感觉犹如在喉咙里流过艺术汁液之后全身心的甜美和舒畅。在曲径通幽处，我们看到通海秀山的真实表情和形象，那是“秀甲南滇”的灿烂笑容，是“古滇国”“句町国”和“大理国”传奇历史的缩影。它在我们的视野里，是名山、名水、名城，是史书、画册和抒情诗。但是，我们还远远没有走进它的“大门”，远远没有认识和理解它的“个性”及内涵。前不久，秀山涌金寺的一位禅师告诉我，他没有见过哪一座名山有秀山那么多的古建筑、古石碑、古木匾、古楹联、古书画和历史传奇故事，他曾随便到秀山某个角落一翻，就发现了

许多明清时代的东西。有一次，他蹲在一张乒乓球桌前，一瞥桌底，大吃一惊，原来乒乓球桌面竟然是一块刻立于清代乾隆年间的名匾。另外，他在主持重建秀山钟鼓楼时，看到民工们掘土三尺，仍然没出现新土，全是古砖、古瓦和老墙土。又继续往下挖掘两米，所见的一切，依然是一层一层的砖瓦碎片。另外，他曾用几天时间到寺前寺后的草丛、树林中搜索，发现了近百座历代高僧祖师的佛塔或坟茔，他准备把它们集中起来，在秀山“螺峰绝顶”之下，建立“秀山塔林”。他说，真的，秀山太古老、太迷人了，它不知还有多少东西，等待着我们去重新发现、重新认识和重新修复。那一天，听完那位禅师的“叙说”，我捧起一把“秀山土”，看它在阳光中的变幻，听它在时间里喘息。我的心情异常复杂，就像天空和历史，有多个面孔、多种无奈和多种误解，就像今天下午，山风、铜铃、涌金寺的诵经声，似乎与我无关，而我，什么也没有，像个空壳，只剩下耳热和耳鸣。

我盼望有那么一天，我们站在古滇国、古句町国和古大理国的土地上，翻阅着秀山的芬芳历史，说这是一座有历史文化分量的灵山。同时，是否还可以加上一句，我们的灵魂同样也有了一点儿分量？

❶ 这是通海的先人为纪念李畔富而建造的“畔富塔”。据传，李畔富是通海历史上的一位治水英雄，是他用“卓锡”穿通了杞麓湖“落水洞”

❷ 秀山山茶

❸ 秀山公园坊

通海文庙的儒学之风

孔子是春秋末期的思想家、政治家、教育家，是儒家学派的创始人。他的学说成为两千余年封建文化的正统，孔子因此被奉为圣人。鲁哀公时在孔子故居立庙，唐贞观四年（630年）诏令州、县皆立孔子庙。唐玄宗时封孔子为文宣王，又称文宣王庙，明朝以后一直称文庙至今。通海于明朝始建文庙，大兴儒学，自此，邑内文风鼎盛，英才辈出。

一座被称为礼乐名邦的古城，最引以为自豪的除了深厚的文化底蕴，就是气势恢宏的文化标志性建筑。自明代以来，通海文庙一直在云南众多的文庙中傲然桀立，无比自豪而又温文尔雅地向世人展示着通海厚重的文化积淀和悠远的儒学之风，这股夹杂着秀山古柏清香的儒学之风孕育出数十名进士和众多的举人，他们都成了通海漫长历史长河中闪耀的明星。从古至今，无数文人雅士慕名来到这座书香气十足的古城，无不折服于这里的文化气息，这些文化气息从远古蔓延至今，依然似遮着神秘的面纱，让人难以参透。

历史文化名城通海的大街小巷都隐藏着无数的文化符号，两条以文而得名的街蜿蜒而漫长地诉说着通海辉煌的文化发展史，走过文庙街、文星街，举目所见就是文庙朱红而厚重的照壁，照壁上镶嵌着乾隆时期县令朱阳题写的“礼乐名邦”

四个大字，据说这是世界最长的文庙宫墙，这里成了通海文化的一个磅礴排奡的意象。县令朱阳对通海文化的理解和领悟高度概括为“礼乐名邦”，“礼”和“乐”正是儒家先师孔子所倡导的六艺中的两项，为儒家思想的精髓，文明坊前“孔子弦颂”的雕塑生动形象地再现了当年孔子及其弟子在雅乐飘扬的氛围中制礼作乐的场景。文庙东西侧门矗立着 “道冠古今”和“德配天地”两座宏伟的牌坊，高度概括了孔子作为万世师表的伟大的一生，以及他所创立的儒家思想对中华民族几千年文明史的卓绝贡献，孔子因此被视为与天地齐名、与日月同光的伟大人物而光照千秋。

明朝弘治十七年（1504 年）知县余人俊在县城之南，秀山北麓，拓基建殿、庑、门、坊、阁、楼、祠、堂等，文庙设施基本完备。明朝末年因年久失修，多已倒塌。清康熙二十九年（1690 年）知县魏荩臣重修。康熙四十二年（1703 年）教谕李含和建“江汉

秋月”“金声玉振”两坊。雍正五年（1727 年）训导何宗美修浚泮池。雍正十年（1732 年）时逢钦赐二品提督云南学政吴应枚到通海，看到学宫残破，倡议重新扩建。雍正十一年（1733 年）知县藏在莘、署县丁沄与全县绅士蒋瓒等筹资重建大成殿、崇圣祠。乾隆元年（1736 年）丁沄等筹建尊经阁。乾隆二十八年（1763 年）知县朱阳重修。乾隆四十年（1775 年）教谕王恭极修大成殿及庑房。乾隆四十五年至四十九年（1780—1784 年）间，知县韩培、陈朝书等任内，先后修过戟门、大成殿、两庑房等。乾隆五十三年（1788 年）知县孙俊德重修大成殿及崇圣祠。乾隆五十四年（1789 年）地震塌又重修。乾隆六十年（1795 年）本县绅民筹资重建东西两庑房，增修大成殿。光绪五年（1879 年）全县绅民重建文明坊。民国年间除逐年修葺外，还先后在东边建有文明阁、启秀楼。整个文庙建筑群，除上述建筑物外，还有节孝祠、乡贤祠、名宦祠、阐经阁、明伦堂、敬业乐群堂、乐寿宫等。民国时期秀麓书院、中学、小学曾设于此，新中国成立后，为通海一中校址。

如今的通海文庙主体建筑由文明坊、大成门、大成殿、崇圣祠、尊经阁等组成，东西廊庑房及钟鼓两楼，以对称格局配属于正殿两旁。一般的文庙都在水平面上就地而建，而通海文庙最独特的就在于依山就势排列在中轴线上，而且依山势逐级提升，故而显示出举世少有的恢宏气势。整个文庙主体建筑共分四进三大院落，占地数万平方米。

文明坊：建筑物为三门牌楼式样，中间门为须弥式基座，基座上建有雕刻工艺精美的石狮和麒麟，南北面各一对，狮和麒麟背上支承柱架，上为重檐歇山顶，八角飞檐，琉璃花脊，如意斗拱八迭承架屋面。柱坊间饰有镂空雕龙牙子，全坊通高 11.6 米，面阔 15.9 米，厚 6.3 米。石木砖结构，彩绘绚丽，建筑别致，为滇南之冠。左右庑房各两间，为节孝、烈女祠。由文明坊下石阶 20 余级为原泮池。有红色宫墙围护，正面墙上嵌“鸢飞鱼跃”四个石刻大字，东西两面各有一牌坊式大门，称东西华门。

大成门：古为戟门，于文明坊之南，建在有 10 余级石阶的台基之上，面阔五间，歇山顶。东侧建有更衣亭，西侧为魁阁（现无存）。大成门前左右庑房为三间，左为乡贤祠，右为名宦祠。2006

年3月，恢复文庙景区，重塑乡贤名宦6人，以表后世景仰之情。

赵城（生卒不详），字亘舆，云南通海县城人。康熙进士，选翰林院庶吉士授编修，提江南道御史。再掌河南道兼浙江道。雍正四年（1726年）典试贵州，事竣还京，授湖南布政使。因丁父忧，乾隆元年（1736年）起用，任广平知府，又督山东粮道，继迁甘肃按察使，乾隆九年（1744年）任河南布政使兼署巡抚。乾隆十一年（1746年）调补通政司左通政，年60余，因耳疾退休。

葛中选（1575—？），字见尧，号澹渊，通海县河西镇人。明万历庚子科举人，历任湖北嘉鱼县令、广西思恩府知府、贵州安顺道、陕西苑马寺正卿，政绩卓著。葛中选精于易象，通晓律吕，著成《泰律》一书，被大学士焦竑称为“千古不传之谜”。葛中选晚年组织“雅乐社”，对通海及河西洞经音乐的发展贡献巨大。

文庙泮池全景

阚祯兆（1641—1709 年），字兰陵，号大渔，通海县城人。清康熙二年（1663 年）（癸卯）举人，以诗文、书法名世，曾游历名山、赋诗千首。昆明“近日楼”匾、“望京楼”匾，《关夫子庙碑》《昙华寺碑》均出自阚祯兆手笔。秀山“千峰翠”、“诸法空相”、《秀山古柏行》等匾额为阚公书写。其书法被誉为“云南三百年来第一”。著有《大渔集》《北游草》。

朱嶟（1791—1860 年）， 字仰山，号桎堂，通海县城人。清嘉庆进士，入翰林院任编修。道光时擢升为礼部侍郎，后调治河（黄河）道尹，因功升任户部、兵部、吏部尚书，再升任内阁学士、军机处行走，以勤政闻名，推举林则徐赴任两广总督，为“禁烟运动”的主将。病逝北京，谥“朱文端公”。

孔继尹（？—1855 年），字莘农，通海县城人。清嘉庆十九年（1814 年）进士，授山东海丰、山东葭丘知县，擢升广东潮州粮储道，继调河南河工（黄河）总督，转任四川夔州知府，以政声卓著，升任广西布政使兼署巡抚之职，孔继尹在任广西期间，对桂林风景名胜的培修做出过贡献，致力秀山的风光点缀及保护。道光皇帝以“老诚持重，不愧封疆大吏”嘉奖。年 63 岁以积劳成疾，卒于任。

阿剌帖木耳右旃（生卒不详），蒙古族。幼年追随忽必烈，为朝廷重点培养的人才。元初任陕西省长安县令，后调云南省任曲陀关都元帅府都元帅。兼文治武功，通海、河西在其经营管理下，政治清明，社会安定，文化进步，经济发展。创建两地文庙，传播儒学，培育后生，为通海及河西儒家文化的奠基人。

大成殿：为文庙主要建筑，正殿为宫殿式，基座高 0.9 米，面阔五间计 22.5 米，进深 13.3 米，通高 14 米，单檐歇山顶，琉璃瓦与灰瓦覆盖屋顶，琉璃花脊，抬梁式木结构，

文庙“三礼”（开笔礼、成童礼、成人礼）活动

文庙全景图

用柱 28 棵，柱体高大，均以灯笼古镜式为柱础，檐下四叠斗拱分布密集，斗小拱大，体形规整。殿面檩枋装饰镂空彩绘照面枋，绘有各种花鸟图案，气象庄严，绚丽多姿，系典型清代建筑风格。殿前月台宽敞、青砖镶面，青石镶道心，月台建有砂石雕栏围护，殿东西两侧建有钟鼓楼各一座，翘角飞檐，建筑玲珑别致。沿钟鼓楼下为东西两庑房，庑房各为七间，单檐歇山顶，一般结构。

正殿立有“大成至圣先师孔子”牌位，孔子塑像头戴十二旒冠，身穿十二章王服，手捧镇圭，一如古代天子礼制。殿内还悬挂着“万世师表”等匾额，东配殿为颜子、子思子牌位，西配殿为曾子、孟子牌位。东西两侧殿立有十二哲牌位，即：东面为闵子骞、冉仲弓、端木子贡、仲子路、卜夏、有子若；西面为冉伯牛、宰子我、冉子有、言子游、颛孙子张、颜回等十二人。大成殿前东庑立有公孙侨等先贤 40 人及先儒公羊高等 37 人牌位；西庑立有公冶长等 39 人及先儒董仲舒等 36 人牌位。

崇圣祠： 位于大成殿后，宽及进深均为三间，主建筑呈正方形，左右有配殿，矮于正殿，配殿内山沿正殿砌筑。正配殿均为歇山顶。正殿立有孔子五世祖肇圣王、高祖裕圣王、曾祖诒圣王、祖父昌圣王、父启圣王等牌位。东配殿立有孔子之兄、颜子之父、子思子之父牌位；西配殿立有曾子之父、孟子之父牌位。两庑房为书斋各三间。

尊经阁：为最后最高建筑，位于崇圣祠后，二层阁楼式样，重檐歇山顶。底屋面宽三间，外有回廊，殿内宽 16.6 米，深 11 米，檐下无斗拱装饰。原阁内塑有创造汉字的仓颉之像，早毁。阁前两边庑房：东为“一门忠孝祠”，立有董庄愍祖孙牌位；西为“一门三节祠”，立有东公旭子钦妇卢氏牌位，现已无存。

崇圣祠

❶ 文庙华表

❷ 文庙厚重的历史画卷

2005 年，通海一中从文庙迁出，自 2006 年开始重新修建完善文庙建筑，大量原有建筑得到了恢复，秀山与古城衔接处形成了风格统一、协调自然的景观过渡带，气势恢宏的文庙与恢复为明清风格的古城风貌主要街道相映生辉，千年古城青春焕发、生机勃勃。

四维统纽聚奎阁

通海古城犹如一颗方印，建在城中央的聚奎阁即为印纽。古阁雕梁画栋、金碧辉煌；飞檐四翘，气韵不凡，历经7.8级大地震而“巍然柱其间”，有“滇中古建筑之瑰宝”的美誉。登古阁，可招翠揽绿，可赏通海美景，可品读通海历史文化。

悬于聚奎阁二楼的钱南园《雨宿通海》诗匾

聚奎阁是通海县城中央的标志性建筑，明初建御城时，那里只是通往东西南北街的牌坊，到了清康熙年间，通海知县张瑛才始建为阁，不想光绪二年（1876年）三月，一场大火让聚奎阁灰飞烟灭。民间常说，通海城是一颗大印，聚奎阁即是印纽。如此非同寻常的重要建筑被毁，怎能不让通海的绅商士庶和父母官们时时思之重建？光绪八年（1882年），苏丽泉一接手通海知县大印，就鸠工集材，一年时间，通海的绅商士庶就让聚奎阁重新站立了起来。

蜀西宋宝缄《重建聚奎阁记》云：“通海为滇南一大都会，县治南面秀山，北枕杞水，方城如斗，四逵八巷，城中央建高阁以统治之，并祀奎星于其上。阁凡三重，上依霄汉。凭栏四望，江山形胜，奔赴目前。而万家鳞次，千壤绣错，皆在几席之下，此形势所由统摄而灵气于以翕聚

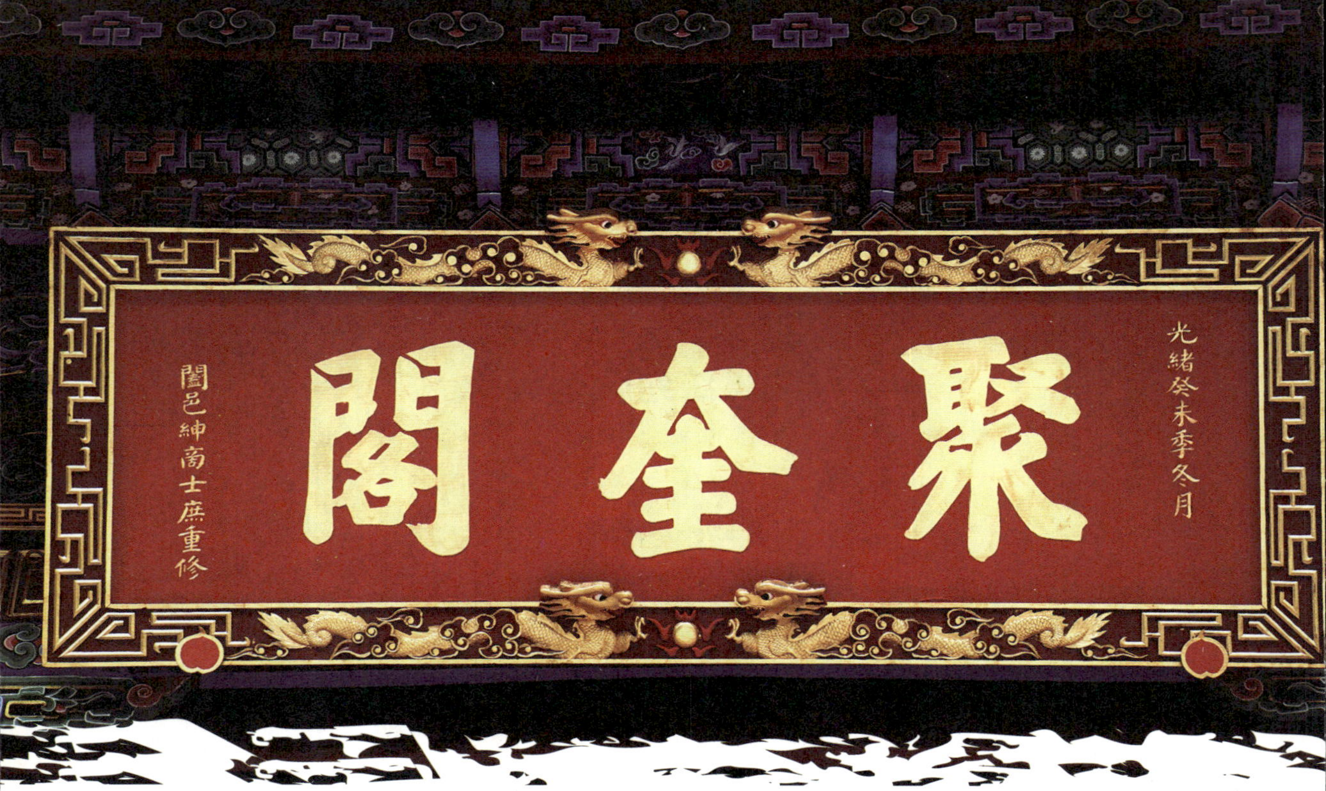

❶

❶ 聚奎阁

❷ 聚奎阁匾额

也……”

重建的聚奎阁有柱 40 棵，凡梁柱均用榫眼相扣。底层的 16 棵栎木大柱，落地直径均为 36 厘米。阁三层，高 17.5 米，居中贯通三层的 4 棵长柱一柱通梢。

古阁层层雕梁画栋、飞檐四翘。更有琉璃瓦盖，阁尖安有三台琉璃葫芦，益发显得金碧辉煌，气韵不凡，被称为“滇中古建筑之瑰宝”。重建后迄今的 110 多年间，历经两次大地震而巍然屹立，特别是 1970 年震惊中外的 7.8 级大地震，阁四周一片废墟，她却安然无恙。经过 1980 年的底层改造，古老的阁楼更加青春光彩，显示出勃勃生机。

❷

聚奎阁二楼上，东、南、西、北挂出的四块匾额都是清代匾额。东：“四维统纽”，清康熙三十九年（1700 年）进士、邑人董玘题。精短四个字，就形象地把古阁对于通海之重要表达得清清楚楚。南：“聚奎阁”，光绪癸未（1883 年）冬月，阖邑绅商士庶重修。又把古阁重修的人和时间记得明明白白。西："高拱辰居"，清乾隆六十年（1795 年）进士、董玘之孙董健题。极言聚奎阁之高，一下子就让人想起李白的《夜宿山寺》："危楼高百尺，手可摘星辰。不敢高声语，恐惊天上人。"北："冠冕南州"，清云贵总督岑毓英题书。云贵总督的题书所指，当然并非仅仅是滇中古建筑之瑰宝聚奎阁冠冕南州，通海为滇南一大都会，也冠冕南州。

正因为聚奎阁是滇中古建筑之瑰宝，历代名士文人都喜欢登其上赏景抒怀。清嘉庆二十四年（1819 年）进士、邑人朱嶟《登聚奎阁望秀山》。

崔巍杰阁接重霄，选胜登临破寂寥。
万里风云开碧落，数峰飘渺出烟绡。
乍凭栏槛招空翠，却忆觚棱望斗杓。
且喜时清庠序乐，要听歌咏答虞韶。

登上"接重霄"的"崔巍杰阁"，凭栏就可把"千树万树绿如云"的翠色招来，九九重阳，聚奎阁就成了文人们登

聚奎阁全景

“四维统纽”的通海聚奎阁，如同“玉玺”的手柄，是通海古城的中心

高赋诗的绝妙所在。清末通海孝廉孔宪清写就《重九登聚奎阁》诗云：

文明气象聚中央，拔地千霄迥异常。
尽遣云烟归下界，独留日月走苍穹。
倚槛不信蓬山远，此会谁怜醉态狂。
拟向魁星祈新笔，登高一赋记重阳。

清代著名诗人钱南园诗《雨宿通海》悬挂于聚奎阁二楼正中，诗中写道：

孤城临水背依山，忆在江南烟雨间。
翠壁驻云官阁暮，白波侵市估帆闲。
琵琶夜冷醒秋梦，鸿雁风高老病颜。
明日摇鞭怅前路，残灯虚照酒痕斑。

“巍然柱其间”的通海聚奎阁

著名作家，云南人民出版社原社长、总编辑胡廷武，就不仅称赞古阁历经两次大地震而“巍然柱其间”的浩然之气，同时也称赞她“上映青山秀，下绕三湖烟”，且“诗情多于水，佳句贵如兰”的诗情画意。

河西镇的古老元素

在一个宁静的正午，在灿烂的阳光中，我走过一个古老的地方——通海县河西镇。那个时刻，我仿佛在追寻什么，似乎在奔跑，而脚步却徘徊不前。田园、石墙、小巷、老屋、庭院以及栖身其间的人，都涂上了一层神秘的光。我从中看到了一种智慧、一种情调、一种生活方式、一种被称为历史和文化的东西。当我们之中的许多人住进高楼大厦之后，才逐渐发现自己记忆深处却收藏着这些“土旧”不堪的东西。

大兴福寺石雕

河西的历史文化是迷人的。据史书记载，大约在大理国时期，河西这一带名叫休腊县，中心在现在的螺髻村。当时，那里四围崇山，森林茂密，野兽极多。因此，每年秋末冬初，临安、蒙自、个旧等地的猎户，常常10人或20人一组，带着帐幕、粮食、炊具和猎枪，到此狩猎，因而，螺髻村附近便成了一个猎物交易的集散市场。

在螺髻村以北三里处，有一个村落，名叫“乡绅村”，又讹传为“先生村”。村里住着数百户人家。村子的周围，是一片片苍翠欲滴的柏树林，成百上千的白鹭，翱翔栖息于树上，成为一幅天然和谐、美丽动人的锦绣图画。这个村落，文风丕振，人才辈出。历任县官，凡遇地方大事，常常到“乡绅村”里，向“先生们”请教。其他的许多庶政，也常常取决于“乡绅村”的意见。明朝成化六年（1470年），螺峰山山洪暴发，民间说“起蛟了”，叶家河水

“滇南无双寺，西宗第一山”——河西圆明寺

泛滥成灾，淹没了陶家嘴、高家湾、夏家嘴、童家湾，休腊故地，成为一片泽国。因此，只好把休腊县的政治文化中心向叶家河西边的“乡绅村”转移，时间一长，“乡绅村”逐渐被称为“河西”。

经过数百年的苦心营造，到了1635年，河西已建成了一个古朴雅致、市井繁盛的小古城：方圆二里三分，城墙高一丈余，厚五尺许，东门紧抱原来的上敬坊，名朝阳门，南门名迎薰门，西门名聚奎门，北门名拱极门。城内建有三元宫、大兴佛寺、文庙等建筑。东门建有“帅府”“太守”两巷，又有“绝学名儒”旧庐；南街有都督府和将军第，以及耿军门故里；西街有“清华鼎望”世家；北街有巡抚门第、三代

河西文庙唐代古柏

联芳坊、兄弟联芳坊等等。城外，美丽的琉璃河绕城而过，圆明寺的晨钟暮鼓，余音袅袅。到了清代，这里的木雕、石雕，技艺精湛，誉满全滇；这里出产的“河西布”，驰名全省。到了 1956 年 12 月 22 日，通海、河西两县合并，称杞麓县，1959 年又改称通海县。河西县的称呼在存在了 667 年之后随着并县的历史而消失了。

今天的河西古镇，已今非昔比，在散发着几分现代之气的同时，依然保留了许多古老元素，特别是这里的名胜古迹，如大兴佛寺、文庙、永济桥、圆明寺等等，仍闻名四方。为了一睹这座古镇的风采，我们从通海县城出发，西行 14 千米，就到了河西镇。

从东门进去，步行数百米，感受着街道两边的百年老屋、百年老店，不觉就到了“河西文庙”。它建于明成化七年（1471 年），嘉靖初年，改南面东向，并有扩建。清光绪十六年（1890 年），进行过一次大修，主殿屋面全换成了琉璃瓦。我们现在看到的文庙，规模宏大，富丽堂皇，占地 9000 多平方米。大成殿 5 间通宽 19.2 米，进深 11.3 米，高 11 米，单檐歇山顶，抬梁式木架，檐下坊雕刻花鸟图案，琉璃瓦屋面。文明坊为三间牌楼式，高 8 米，宽 13.5 米，4 棵巨大的圆柱直承屋顶，在中间两柱的基石上，前后有石雕狮子和麒麟各一对，用青石雕刻护栏板夹住。坊的屋架，用小型斗拱，叠架支撑，显得宏伟壮观。最难得的是西庑南墙角的一棵古柏，虬枝老干，妖娇若龙。相传，未建文庙之前，就有它了，那时，杞麓湖水位至此，渔人常把舟子系在这棵柏树上。到建文庙的时候，本来有碍建筑，但古人爱柏心切，不忍砍伐，于是，特让出文庙一角，让它生存至今。

从文庙出来，北行 100 余米，就到了河西镇最古老的建筑——大兴佛寺。本寺原是十方丛林，有僧人住持，未建城之前就已存在了，它始建于元代，清光绪年间重修。为一进院，正殿 5 开间，通面阔 15.7 米，进深 14 米，重檐歇山顶，抬梁式木架，雕刻粗糙，檐坊和柱顶，都没有装饰，显得古拙浑厚。整座建筑，保存着元代的建筑风格，斗拱和一部分梁架，还遗有元代构件。可以说，它不仅是河西镇最古的建筑，也是通海县现存年代最久远的建筑物。

我们从大兴佛寺的后门出去，穿过曲径通幽的石板巷道，到了古城的西北角，看到了一座城门洞和两座古石桥。其中的永济大桥，是一座弓形的砂石拱桥，为滇中南通往滇西南古驿道上的一座重要桥梁。它建于明弘治年间，桥孔跨度 10 米，桥身全长 34 米，高 7 米，桥面宽 5.3 米。当年，桥面上人流和马帮，来来往往，经年累月，不知留下了多少人、马的足印。在光绪七年（1881 年），山洪暴发，琉璃河水泛滥，冲没了一大片一大片的田园屋舍，河床扩充到了距城墙仅一丈余处，河水曾一度冲坏了永济大桥，但桥身未损。至今，永济大桥仍以非凡的雄姿，横卧在河西城外，成为一

河西圆明寺大悲阁

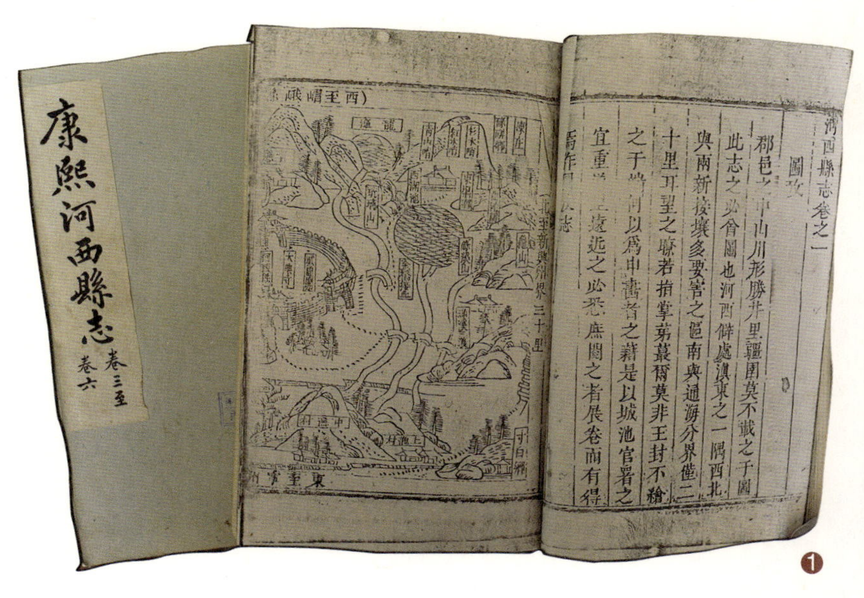

道动人的风景。沿永济桥，向西行，约一华里，就到了普应山东麓的滇南佛教圣地——圆明寺。该寺占地约 10000 平方米，始建于元代至元年间，后经明洪武、宣德、景泰年间修葺。清初因战乱被毁，乾隆年间重建，清末丙辰（1796 年）再度毁于兵燹。光绪十四年（1888 年），又由本地高僧圆泰募资重建。整座建筑群，依山就势，掩映于丛林之中，一进四层，层层别有风光。它由山字形照壁、山门、鱼池、雨花台、大悲阁、娘娘殿、琼阁、佛塔等众多建筑组合而成。早在明代，圆明寺就闻名滇中，有“滇南无双寺，西宗第一山”之称。特别是清末民初，各地信徒从百里之外，长途跋涉，来此朝山进香，热闹非凡。寺中僧侣从未间断，自先妙禅师圆泰至今已历 7 代，衣钵相传已达百余年。圆泰和尚是河西人，清同治初年离家到四川峨眉山削发为僧，佛学造诣很高。清光绪初年，圆泰回云南，住昆明筇竹寺，参与主持筹塑“五百罗汉”计划，后又住持石屏宝秀禅寺，尽心修建禅院。光绪十四年（1888 年），应故乡人士之邀，回河西重建圆明寺。在修建中，他四处化缘筹资，与工匠们一起劳动。在主体建筑完工之后，圆泰又请来四川雕塑家黎广修，在圆

❶ 清《康熙河西县志》

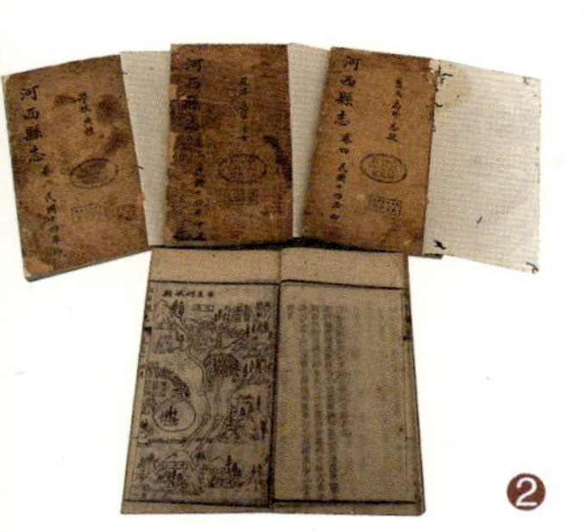

❷ 清《乾隆河西县志》共四册

明寺塑起十多尊姿态各异、神态逼真、颇具宗教艺术魅力的佛像。传说，黎广修在圆明寺塑像时，还留下这样一段趣话：黎广修与圆泰的友情很深，接圆泰请他塑像之信后，就带领两个徒弟直奔圆明寺，另外一个哑巴徒弟两天后到达。当时，黎广修已将韦驮站像的泥胎做好，正在塑头部。哑巴一看，也不同师父手语商量，哗啦几下就把已塑的韦驮像全部扒掉。黎广修深知哑巴的性情，也认为他的技艺跟自己不相上下，所以，不但不责备，反而鼓励哑巴去雕塑。后来，韦驮像塑成，果然神态非凡，威严俊朗。大家赞叹不已。

我们一边了解着圆明寺的悠久历史，一边欣赏着精湛的佛像艺术和比比皆是的奇联妙对，登上近六十级的石台阶，来到圆明寺的最高点——大悲阁。此阁为单体建筑，楼阁式，重檐歇山顶，巍峨壮观，气势非凡。通面阔 18.4 米，进深 13 米，高 12 米。阁内塑有近 10 米高的“千手观音”佛像，为云南之冠。阁前正间的柱基是一对石雕狮子。石狮身高 1 米，长 1.4 米，宽 0.5 米，左为“哭天”，右为“恨地”，背托檐柱，雄踞两边，姿态威猛，气势昂然，摇头摆尾，活灵活现，大有一呼即跳之势。实属云南石雕艺术之精品，为通海现存石雕之杰作。

我长时间伫立在大悲阁前，凭栏远眺，河西镇全景及山水田园，尽收眼底。这个“古董”一样的小镇，使我们在这里找到了“慢”下来的感觉，找到了漫游的尊严，同时也慢慢爱上了那些老街上的“风景”，那一切都似乎是从老河西的旧生活中、史书里和图片上走出来的，它们使这座古镇具有诗性、情调和历史性；它们成了我们历史记忆中的一个生活现场，又是一个敞开的民俗民居博物馆。这里包含着的旧知识、情趣和精神，让我们的情感世界悄然发生着奇妙的变化。

我的老朋友张立康先生，从退休后就一直诗意地栖息在河西镇的老房子里，他安静地在这里读书写作，用心地寻觅和收集“河西布”的历史和实物。他说，河西土布因质地厚实耐穿、色泽经久耐洗而名扬三迤，又沿红河流域带至越南、缅甸、泰国、新加坡等东南亚国家，因此曾有河西土布“出口”一说。他的父亲曾目睹河西土布“外销”的盛况，大大小小的马帮不断来往于普洱和河西之间，驮去河西土布，运来盐巴和

染料，使河西小镇的每一个清晨和傍晚，都伴随着马蹄声醒来和入睡。据河西镇马家大院的马子商老人说，他们经常和洋人打交道，并把美国、德国用于染布工艺的洋靛驮运回来，有一次，他们竟然经手驮运了260驮。由此可见，当年的河西镇，织布、染布的工艺是何等的发达！又因河西布的交易，此地的商业文化之光在那些年代是何等迷人！

每次来到这里，我都能“欣喜”地面对着这个古镇，面对着一个又一个古老的元素，那是这座小镇独特的个性和魅力。我也好像在这里找到了让那些古老的事物继续在新时代生存下去的理由。也就是说，我们现时的新生活，其实离不开那些貌似陈旧的东西，因为那是我们生命的“根”，是我们的“文化基因”。我也看到越来越多的河西人更加热爱这里、珍视这里，他们不停地与年轻人或外地人讲述这里曾经的辉煌和发生的故事。

井的历史就是人的历史，人一生的知识，说起来很奇怪，那不过是一脑子关于井的记忆

蒙古人——从曲陀关到凤凰山

记不清多少次，我与省内外的作家、学者到通海古城以西的曲陀关寻幽访古，追思蒙古人开发杞麓湖的历史功绩，伫立在这片丰饶的历史遗址上，让悠悠的思绪飘到七百多年前的历史风云中。

我们知道，蒙古人踏上云南这片土地的时间是1253年。那时，南宋王朝依然存在，云南之北的四川仍在南宋的统治之下。元朝统治者为了实现迂回包围南宋的战略，派忽必烈率兵十万，从西线抵达金沙江，乘牛皮船和木筏渡江，灭掉了割据云南三百余年的大理国。此后，元朝把云南作为重要的战略之地，派驻众多的蒙古族诸王，重兵把守，今天的通海县曲陀关，就是当时的一个军事重镇。

曲陀关，雄奇险要，神奇迷离，位于通海县城西北方向二十五千米处，俨然通海县的天然屏障，被誉为通海的“西大门”。《云南图经志书》描述道：“山势峭拔，自陆至顶可二十里，南望山光水色，奇胜莫比。”的确是历代兵家必争的军事要塞。

据史书记载，元朝至元年间，即1283年，元朝统治者在曲陀关设置“临安（今建水一带）、广西（今泸西一带）、元江等处宣慰司兼管军民万户府”。到元朝末年，升格为“临安、元江、车里等处宣慰使司都元帅府”。到了明洪武十五年（1382年），曲陀关都元帅府才被明军灭亡。在其102年的历史中，共有四任都元帅。其中第一任都元帅，名叫阿剌帖木耳，曾在陕西省西安府长安县为官，元至正二十年（1360年），奉命调云南，任“宣慰司总管”，后因“云南去京师万里，诸彝杂处，叛服无常，威之以兵，则久安而长治”，特被授为元帅府都元帅，带领山东、浙江、河北、山西、陕西共“一十五翼”兵马，镇守曲陀关，管辖今天的通海、峨山、华宁、建水、石屏、开远、蒙自、泸西、弥勒、师宗、元江以及西双版纳州等州县。曲陀关都元帅作为统治滇南一方的边疆大吏，为“从二品大员”。

曲陀关建都元帅府以后，这里曾盛极一时，皇庆、延祐年间，已经“人物繁盛，市肆辏辐”。泰定二年（1325年）“建

❶ 蒙古人的民俗展演——舞龙

学立师”。至正二年（1342 年）建卧龙祠、武安王庙。毫无疑问，曲陀关在云南历史上，已成为显赫一时的历史、文化古镇。

曲陀关的几任都元帅，“崇尚斯文，投戈讲道”，有较深的汉学修养，主持建造过一些学校、宗教建筑，并且，绿化驻地，植桃树千株，把这个军事重地建成一个“其乐亦融融”的文化中心。由于战争，这里的学校、寺观、元帅府等建筑已毁，但元碑、遗址尚存，“帅府桃林”繁盛两百多年，作为“河西八景”之一载入地方史志，数百年来，大量文人学士到此赋诗凭吊。据传，元朝的都元帅曾把大量的财宝埋藏于此，因机关设置巧妙，不易识破。有个商人破译了流传于曲陀关的民谚“金也漆，银也漆，金子落在黑漆里，谁要不相信，去问对门老李”。原来，“漆”是“黑香炉”，“对门老李”是卧龙祠前的“栗树”。商人把黑香炉偷回家去，用刀一刮，就变成了一个黄澄澄的金香炉。如今，卧龙祠仅留遗址，但“老李”（栗树）仍活于世，安然无恙。另有民谚“东也见，西也见，谁若能发现，买得通河两县，绕来新兴做马店”，交代了足以买下三县的财宝的下落，但至今未揭谜底。类似这样的传闻很多，都不足信，但可以借此想象曲陀关当时的富足和繁华。

历史无情却有情，随着元朝统治者的衰亡，当年那些北方游牧民族的后裔——云南蒙古族，已被历史无情地抛弃在云岭之上。他们经受了数百年严酷的生存考验，从曲陀关迁移到杞麓湖畔的

❷ 兴蒙乡广场上的苏鲁定

杞麓湖畔瓜菜香

凤凰山，成为杞麓湖最早的开发者。据考证，“杞麓”是蒙古语，翻译成汉语是“水里生长出来的石头”之意。在当时，这些被蒙古军队遣散下来的军人和眷属，为了生存，为了躲避政治和异族的迫害，他们逃遁到一个被汉人称之为“海河”中的一个孤岛之上。在他们的眼里，这个孤岛是一个“水里生长出来的石头”，光秃秃的，没有什么可食的东西。很显然，面对生存的考验，他们的梦想产生了。

一个蒙古族老人无数次对年轻人叙说：古时候的杞麓湖，水连着天，天连着水，无边无岸。有两个喀卓（蒙古）小伙子坐在湖中的一个大石头上，看见一个汉族老爷爷乘坐一块犀牛皮在湖中飘荡。同时，老爷爷也看到两个喀卓小伙子生得壮实、勇猛，非常可爱。老爷爷很高兴，就邀请他俩一同去游湖。三个人站在犀牛皮上，飞速向湖心漂去。很快，他们的眼里就出现了一座金光闪闪的寺庙，它漂泊在湖心，整个庙宇都是用金子铸的，光芒四射，把杞麓湖映

❶ 悠扬的马头琴声

❷ 蒙古族马头琴

照得晶莹剔透，美不胜收。老爷爷慢慢把犀牛皮靠近寺门，然后带着两个喀卓小伙子，走进庙宇。里面一个人也没有，闪动的金光让两个喀卓小伙子兴奋不已。他们对老爷爷说：“别走了，我们就住在这里吧！那么多的金子，让我们怎么花也花不完啊！”

“不能，不能，我们赶快离开这里。”老爷爷边说边把他俩拉出寺门，跨上了犀牛皮。未等他俩站稳脚跟，那座金光闪闪的寺庙就在他们面前消失了。老爷爷心平气和地对他俩讲：“那不是一座真实的寺庙，而是湖里的鱼儿用嘴哈出来的影子，我们把它称为鱼抬寺。这湖里没有金子，但里面游动着如同金子一样宝贵的鱼儿。”从此，喀卓人得到启示，学会了制船、拉网、打鱼、捞虾，开始在杞麓湖上谋生了。

现在，人们发现，喀卓人为了感谢他们心目中的神仙——那位在湖上漂泊的老爷爷，他们虔诚地在小娃娃佩带的帽子上，镶嵌上一个铜圈和金牌，铜圈上的图案就是“鱼抬寺”，金牌上则雕刻着“老爷爷”的肖像。

草原上的喀卓人

可是，让喀卓人想不到的事终于发生了。数百年后，杞

1

麓湖水位急剧下降，“水里生长出来的石头”变成了一座富饶美丽的“凤凰山”，山下露出了一片一片的泥滩。喀卓人不得不从山腰迁至山麓和平地，开始接受更大的磨砺和考验。他们在芦苇丛生的沼泽地里打桩垒坝、移沙填湖、插秧割谷，开始了他们最陌生的农耕生活。

如今的通海蒙古族已嬗变成了一个能耕善作的南方民族，并建立起了一个生机勃勃的云南省唯一的蒙古族聚居地——兴蒙蒙古族乡。

最让外界吃惊的是这里的蒙古族，在七百余年的沧桑变化中，依然保留着本民族的传统和精神。他们操持着一口特有的口语口音，欢度着自己所特有的节日——“那达幕”和“鲁班节”，吃着富有民族饮食文化特色的“太极黄鳝”，跳着奔放热烈的具有高原蒙古族特色的歌舞。人们每次到曲陀关、凤凰山之麓的兴蒙乡寻幽探访，目睹这些元军后裔们的生产和生活风貌，看着他们虔诚而清楚地指出今天的凤凰山就是过去的杞麓山，听着他们聊叙自己与杞麓湖相依为命的苦难历史及今天的幸福生活，许多人常常被他们现时的生活风采和他们对杞麓湖的依恋之情，感动得潸然泪下。

❶ 通海蒙古族就生活在清澈静谧的杞麓湖畔

❷ 兴蒙乡矗立着的蒙古人历滇750周年纪念碑

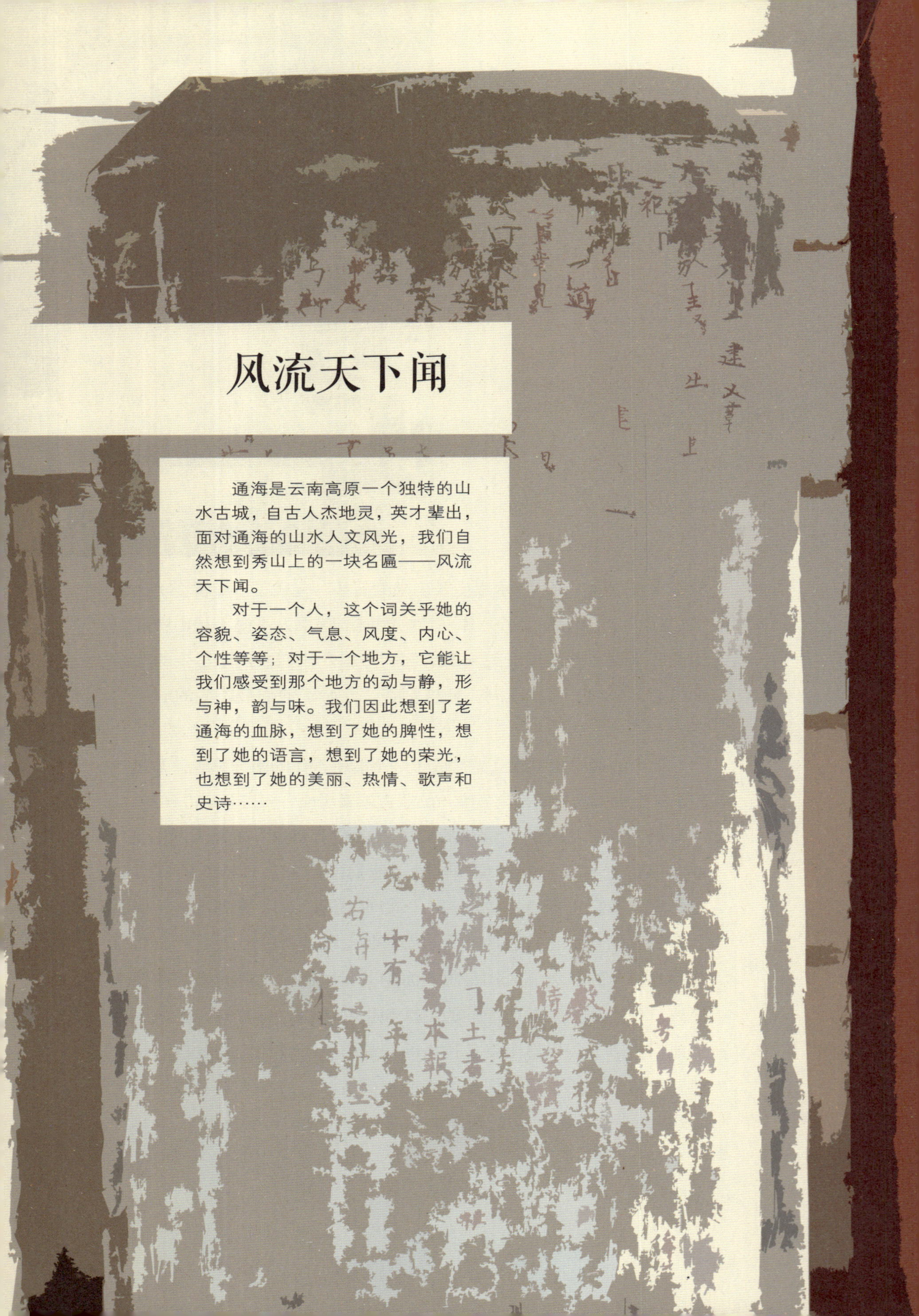

风流天下闻

通海是云南高原一个独特的山水古城，自古人杰地灵，英才辈出，面对通海的山水人文风光，我们自然想到秀山上的一块名匾——风流天下闻。

对于一个人，这个词关乎她的容貌、姿态、气息、风度、内心、个性等等；对于一个地方，它能让我们感受到那个地方的动与静，形与神，韵与味。我们因此想到了老通海的血脉，想到了她的脾性，想到了她的语言，想到了她的荣光，也想到了她的美丽、热情、歌声和史诗……

曲陀关父子都元帅

在距家乡草原万里之外的西南边陲，在与天穹相邻的要卡关隘，阿剌帖木耳右旃及旃檀父子二人恪尽职守，雄镇南滇长达八十余载。他们既是披坚执锐、驰骋沙场的元帅，又是崇尚斯文、建学立庙的雅士。他们的文治武功，换来滇南一度的安乐繁盛，元帅父子也成为当地百姓心中的一代天骄。

曲陀关是元代临安、元江、车里等处宣慰司都元帅府所在地，蒙古族元帅阿剌帖木耳右旃及儿子旃檀曾带重兵驻治于此长达八十余年。父子二人为边疆社会稳定、文化早兴恪尽职守的故事至今仍在民间广为传颂。

一个人沿着山路攀登直至曲陀关山顶，在这与天穹相邻的地方我举目四望，史书中介绍的"四百条山岗、葱郁茂林"尽收眼底，只是"甘泉三十八穴"已不存在，只有山腰处玉带般的甸苴坝水库在晨雾中隐约可见，几只飞鸟从水库边的小村庄掠过，拍打着双翅飞向远方。

一枝桃花落在身旁的山坡上，溅起一片粉红色的花雨。阵阵山风，不住地吟咏着、呼啸着，仿佛伴着马头琴低沉忧郁的乐音，是在为早已作古的元帅父子唱一曲深情的凭吊之歌？ 730 年前，临危受命的阿剌帖木耳率数万雄师，历尽千辛万苦，风尘仆仆来到这“荒蛮之地”，不知目睹的是怎样的一道风景？

他们自幼生活在辽阔美丽的大草原，信马由缰地驰骋在白云蓝天下，体验着天地之子的自由自在。忽然间狼烟四起、鼓角相闻，战争打破了草原的平静和安宁。阿剌帖木耳与其他蒙古军人一起，跨上奔腾的骏马，走出茫茫草原，从此闯入历史的疆场。铁骑穿过中原大地，登上西南边陲的红土高原，昭示着云南各民族从分裂、对抗走向统一、融合的历史时期。阿剌帖木耳被任命为曲陀关宣慰司总管，后又被特授为曲陀关元帅府都元帅，拥有山东、江浙、河北、山西、陕西一十五翼兵马，管辖着四境百户、千户和万户府，辖区“以东厄（扼）交趾（越南），西制新（今玉溪）嶍（峨山）”。

在曲陀关设元帅府的目的，据说是忽必烈亲征大理进而设立云南行省之后，云南成为中央政府直接统治下的一个行政区域，进入宗王将帅军事统治时期。由于“云南去京师万里，诸夷杂处、叛服不常”，所以“必威之以兵则久安而长治……”此处的“诸夷”，应指云南的各土著民族，忽必烈为防范其他民族的纷扰，先是于1257年在滇南（今通海、石屏、建水一带）建立阿僰万户府。又于1283年在曲陀关设元帅府，作为管理西双版纳州、红河州及玉溪南部的最高军政机关。

❶ 马刨井

❷ 兴蒙乡三圣宫

曲陀关是内地通往滇南乃至东南亚地区的必经之路，地势高峻险要，易守难攻。元代河西无名氏曾在《曲陀关元帅府》一诗中对它的地理位置做出准确的描绘：“阳关形势扼新兴，百骑飞来如建瓴。三面山吞通海白，一天风扫嶍峨青……”

从担任宣慰司总管开始，阿剌帖木耳在曲陀关任职长达四十余年。他不仅带兵有方，还率先在曲陀关创建文庙，设立学校，“开河邑（河西）人文之始”。由于阿剌帖木耳的精心经营，滇南一带呈现政局相对稳定、经济发展较快的局面，至皇庆、延祐年间，曲陀关已是“人物繁盛、市肆辏辐”。时为云南行省省府秘书的李泰

“四百条山岗、葱郁茂林”

曾在元至正二十二年（1362年）所撰的《都元帅府修文庙碑记》中感叹道：“阿剌帖木耳为边将，披坚执锐、驰骋游猎，分内事也。今崇尚斯文、投戈讲道，能为人之所不能者，非有高世之志，绝伦之才，其孰能之。”

阿剌帖木耳终老后，他的儿子旃檀“荫袭父业”继任元帅府都元帅，旃檀自幼“英俊敏捷、精于射骑、嗜文学”，长大后继承父亲传统美德，对地方的管理推行文治武功，因此，“镇抚二十余载，交南（越南）无侵叛之患，新嶍泯扰攘之声”，旃檀还在曲陀关建卧龙祠、武安王庙，并于讲学习射之暇种桃千株、植松数围，许多文人雅士常到此地吟诗作对，“帅府桃林”由此名声大震。“朝廷罢战三军乐，官府无私百姓宁。闻说元戎不好武，新诗吟满半山亭”，无名氏在自己的诗中发出由衷赞叹。旃檀为地方传播文化、传授礼仪道德的作为，被当地群众一度传为佳话。

然而，雄镇南滇的一代英杰，在战火中也难逃悲惨下场，因“大明肇兴，元祚以终，公尽节，谥忠勇……”旃檀在与明军作战中因寡不敌众，战死或自尽。一代天骄，自此长眠在万里之外的边陲荒野。

“风萧萧兮易水寒，壮士一去兮不复还！”随同旃檀战死沙场的，还有成百上千的蒙古军人、中原将士。云南离故乡天遥地远，家，是回不去了。幸免于难的蒙古族官兵及其家眷，逐渐迁徙至通海坝子的杞麓湖畔繁衍生息，成为云南唯一一个蒙古族聚居地，就是现在的通海县兴蒙蒙古族乡。

由于“明初废于兵燹”，当时处于商旅辐辏之地的曲陀关也换了容颜。元帅府、卧龙祠、千户营等遗址早已被夷为平地，只有半山腰的“马刨井”历经数百年仍喷珠吐玉、水源旺盛。几百年来，马刨井水不仅供着周围村庄人畜饮用，还是群众酿制甜白酒（醪糟）的最佳水源。如今，曲陀关酿制甜白酒已形成产业，一年四季前来购买甜白酒的人络绎不绝。

草原上已寻找不到大雕的踪迹，成吉思汗的身影无处不在；元帅府的故事历经百年已成往事，一年一度的桃花依旧在春风里含笑怒放。当地百姓一直把元帅父子当作心目中的英雄，落籍通海的蒙古族后裔，把阿剌帖木耳奉为南方蒙古族始祖，旃檀奉为二世祖，“厥后邑人慕吾始祖功德，举入名宦第一；悦吾二世祖志节，举入忠孝祠第一，春秋祀典”。兴蒙乡政府将位于河西白龙寺旃氏大坟的阿剌帖木耳右旃和旃檀的墓碑及墓志迁至乡政府内保

存起来，供后人瞻仰。为进一步挖掘身后的民族历史文化，恢复曲陀关早年的繁盛局面，通海县委、县人民政府决定利用甜白酒生产、销售基地这一平台，仿照旧时容貌重建曲陀关古镇，恢复元代都元帅府的雄伟建筑。到时，700 年前曲陀关元帅府的风姿又将展现在世人面前。

山风吹动、林海摇响，在寂寥的山野里，我似乎又看到了 730 年前的那个早上，旭日在东方升起，如血似辉，元帅父子足蹬战马、身穿甲胄，越过淡淡花香和厚厚风尘，向着远方奔去。我在春风中驻足良久，细听桃花落地有力的飞鸣，追忆着父子二人的强悍勇敢和典雅谦和。当他们看到曲陀关日新月异的发展变化，或许会互相对视，发出欣慰一笑！

曲陀关甸苴坝水库

绝学名儒葛中选

绝学名儒葛中选，不仅是一个有奇书为证的传说中的奇人，还是一个政绩不群、战功卓著的能人，一个爱民如子、清正廉明的贤人，一个热爱家乡山水、讴歌家乡山水的诗人。

葛中选，字见尧，号澹渊，明河西县城人。因其仕至陕西苑马寺正卿，民间也尊称他为葛苑马，或苑马公。据葛氏家谱，相传诸葛武侯是其鼻祖。迁蜀后，才将姓弃诸以葛为单姓。云南始祖葛性成，元进士，至正年间由四川成都到云南。其子惟孝落籍河西，居葛家营。后葛氏子孙一部又分居河西城东门。葛中选为分居河西城东门的葛氏子孙。志载，他不仅是一个有奇书为证的传说中的奇人，还是一个政绩不群、战功卓著的能人，一个爱民如子、清正廉明的贤人，一个热爱家乡山水、讴歌家乡山水的诗人。

奇　人

相传，他小时候就有异于常人的天赋——识鸟音。一日，他随母在河边洗衣。忽然，一只乌鸦飞来对着他们叫唤。听了乌鸦的叫

多年以前，杞麓湖就悄然进入了人们的回忆。这大概是通海人生命印迹里最持久的收获

唤，他就告诉母亲，乌鸦说，姑妈死了。母亲很生气，大声呵斥他不吉利的话不许乱说。不想，母亲的话还没有说完，报丧的人已经找到身边。

他随父亲去上坟，又遇乌鸦飞来叫个不止。他又对父亲说，乌鸦来报信，外婆死了。父亲半信半疑回到家，果然已有人坐在家中。父亲的屁股还没有落在板凳上，来人就告诉父亲，父亲的岳母去世了，请父亲去买棺材。

葛中选识鸟音的故事传到皇帝耳朵里，皇帝命宦官用盐和辣椒面各拌一些饭分撒到东西两厢屋顶上让雀鸟来吃。不一会，东西两厢屋顶上只见雀鸟在一面啄食，一面叽叽喳喳。皇帝就把葛中选召进宫中，问他雀鸟所言何事，葛中选从容说道："东厢雀鸟说：'咸些，咸些。'西厢雀鸟说：'辣些，辣些。'"这正与宦官分撒的饭食相吻合，皇帝和满朝文武无不叹服。

故事归故事，葛中选已经作古了几百年，我们谁也没

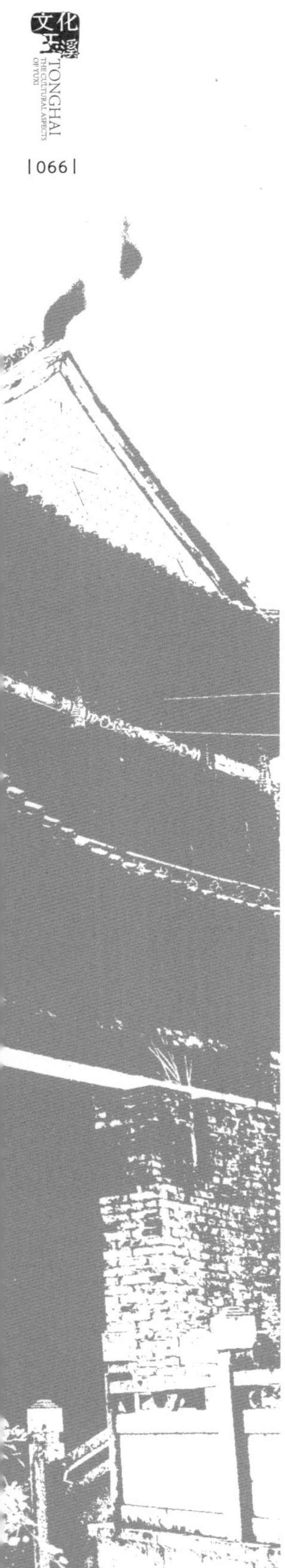

办法让他来当面一试。不过，通海图书馆有他的乐理专著《泰律》在，只是怕你看了也解不开。

清康熙《河西县志》载："葛中选，字澹渊，仕至苑马寺正卿。博极群书，精于易象，而尤留心律吕。不由师传，心解神悟，自为诸生及服官，日讨求其故。著《泰律》，作阴阳图，以六十四卦配，精深奥衍，人无知者，焦学士竑称其得千古不传之秘。"

康熙四十七年（1708 年），学使魏方泰见《泰律》，就把《泰律》当成了宝贝，立刻抄了副本带回家去。志之编撰者记有识者的话说："雅乐之亡，由黄钟不协。先生书可以上求元音，非三代后所及也。"接着，编撰者说"今天下绝学彰明，惟律吕尚多未备。元运昌期，必有卓绝之士继起而发其蕴者。神物显晦，有时岂终泯乎！"

奇书证实了葛苑马是一位深通乐理的奇才。

能　人

葛中选乃明万历二十八年（1600 年）庚子科举人，曾任湖北嘉鱼县令、南京大理寺右评事、广西思恩知府、左江兵备道道员、广西按察使司副使、陕西苑马寺正卿等职。湖北嘉鱼县位于长江南岸，湖泊河港众多。鱼产丰富却也水患不绝。县北有一湖，传为三国时，孙权论功封赏，曾将此湖赐予老将黄盖，故名黄盖湖。黄盖湖与长江相通，每年汛期，长江水便从黄盖湖之太平口进入嘉鱼县境内而酿成水患。葛任嘉鱼县令期间，请求动用国库在黄盖湖口筑堤二百里，从而根除了嘉鱼水患。

葛出守广西思恩知府时，正值余大头据城十余座作乱。葛奉命声讨，他每克一城，只杀首领，胁从不问。胁从感悟，一齐动手把余大头捉了，从而平息了余大头之乱。

天启元年（1621 年），贵州苗族反叛，他们杀害官吏，盘踞城池。此时，葛任广西按察使司副使，朝廷命他征讨。他连战皆

《泰　律》

捷，安顺敌众不得不退守芭蕉关，躲在关内不敢出战。于是，他挑选二百名敢死军士由悬崖缒下，择要隘埋伏以断关内援兵。然后亲率武艺精湛、本领高强者十余人，径直杀入敌窟，生擒敌首，一把火烧了敌人巢穴。关内外官军见火光，并力夹攻。守关敌军溃逃无路，纷纷向他投降。他没有杀戮和毒打投降兵士，而是把他们集中起来晓之以理，投降兵士感动得团团跪倒在他的周围，哭着感谢他的不杀之恩。

葛升任陕西苑马寺正卿来到任上，厩内无一匹马能做战马使用。他看到官吏们养马疏于放牧喂养，而是争相于中饱私囊。他立刻一反过去的懒惰状态，在加强马匹放牧喂养的同时，严厉查处中饱私囊者。不到两年，万余匹瘦弱不堪的劣马，变成了一匹匹头摇尾巴动、膘肥体壮的战马。

葛中选出生在杞麓湖畔的美丽村庄

贤　人

葛中选是爱民的。动用国库兴修水利为民根除水患自不必说了，就说平息余大头之乱和镇压贵州苗族反叛吧，我们就不深究余大头之乱和贵州苗族反叛是不是官逼民反了，只是从结果来看，余大头和反叛首领也不是兵士们拥戴的人物。特别是余大头，还是他手下的兵士把他捉了。我们就站在统治阶级的立场上说话吧，认定他们应该镇压。然而，葛对他们也不是斩尽杀绝，对胁从者和叛军兵士，还是给他们以生路。

葛是爱才的，金声家在湖北，葛中选家在云南，本是毫无关系的两个人。可是，就在他任嘉鱼县令期间，他从还只是一个毛孩子的金声的读书声里，听出了金声的聪慧，未来必成为国家栋梁。于是，便把金声引入县衙，以己之俸禄供养，指导其学业，以至后来金声文雄天下，官至大学士。

葛因其政绩战功卓越仕至陕西苑马寺正卿。本来，这还不是他仕途的终点。他的仕途之所以到此为止，全是他光明磊落的高风亮节使然。

葛把劣马变为战马的政绩深深为公卿大臣们所折服。这些高级官员便纷纷向朝廷上疏举荐，可是，就在朝廷正要向他宣布凤阳巡抚的任命时，他告假还乡的奏章也在这时上报到了朝廷。

葛为什么要告假还乡？原来，这之前有人约他为权倾朝野、结党营私、专断国政的宦官魏忠贤祝寿，他正色拒绝，就必然要把魏忠贤得罪。不等祸及他就洁身引退。

诗　人

葛中选是一位诗人，一位山水诗人。

《乾隆河西县志》就收有他的诗作。

琉璃山

琉璃幻出紫霞宫，大泽盈盈杯杓中。
日耀水光金象动，花明山态玉童融。
云烟上拍博青凤，城郭高临绕白虹。
二十年来题壁处，冷然松竹翠丛丛。

琉璃山即台山，出河西城北门过永济桥便是。琉璃山“土皆五色，每初日注射，晶晶若琉璃，光莹璀璨”（康熙《河西县志·山川》）。山顶上建有台山道院，置身琉璃山顶，茫茫杞麓湖和河西城郭一览无余。但见“群山拱湖，天光旷朗，渺然无际，游客徜徉”（康熙《河西县志·古迹》）。

出河西县城东门向东北方向行五里，便是成就了葛中选的解家营云峨石。

云峨石对于葛中选来说，可以说是功不可没。小时候，他在这里读了九年书，云峨以它特有的“藤萝满径”的幽静和“天然潇洒”的气韵，把他孕育成一个举人。从政洁身引退回来，又是云峨以它特有的“藤萝满径”的幽静和“天然潇洒”的气韵，让他写出了至今鲜有人解的奇书《泰律》。

他与云峨结下了不解之缘。在他闭门著《泰律》之余，“每暇登石上望螺髻数峰，或扁舟钓於溶湖，乘醉作石、竹、墨牡丹，曲尽生物之妙”（康熙《河西县志·古迹》）。诗由情而生，他就一遍又一遍地用诗表达自己对云峨的热爱之情。

云峨石

云峨此一宿，快我开山情。
醉依树星满，贪看石月清。
露华光在竹，萤火暗飞桁。
默默此时意，胸中邱壑平。

又

昔驰五岳装，家乃遗云峨。
归以百灵眼，重披万石阿。
镂空天费巧，发耀日掀波。
不作卧游想，胜情触景多。

云　峨

初日上鳌峰，绿含似露浓。
云恬滋石雨，鸟悦和山钟。
手一编闲咏，耳万物於空。
将学袁伯业，老读书此中。

赋得枫林纤月落

叶舞一钩明，萧萧寒欲生。
惊鸟飞正绕，顾兔影犹横。
历幕光摇碎，调刀响应清。

年年江海夕，嗆望若为情。

以上四首，加上《琉璃山》一首，只是他被收在乾隆《河西县志》上的诗作。但我相信，这寥寥几首诗，不是他热爱家乡、歌颂家乡山水诗作的全部，更不是他诗作的全部。在《杨族世系》碑上，就有他赞颂河西杨族始祖“才侠高亮”“独步炎乡”创业功绩的诗作。炎乡，古称西南边陲。这里，葛中选把“独步炎乡”的杨族始祖称赞为“才侠高亮”，由此也可看出他对家乡的热爱之情。

云峨石“壁立峥嵘”，正是他清正廉明、刚正不阿的形象。天公鬼斧神工，在云峨石上镂空出喷云岩、云和洞诸胜，这不也如他博极群书，心解神悟写出了乐理专著《泰律》一样奇，一样巧，一样心血费尽么?

葛中选神道碑

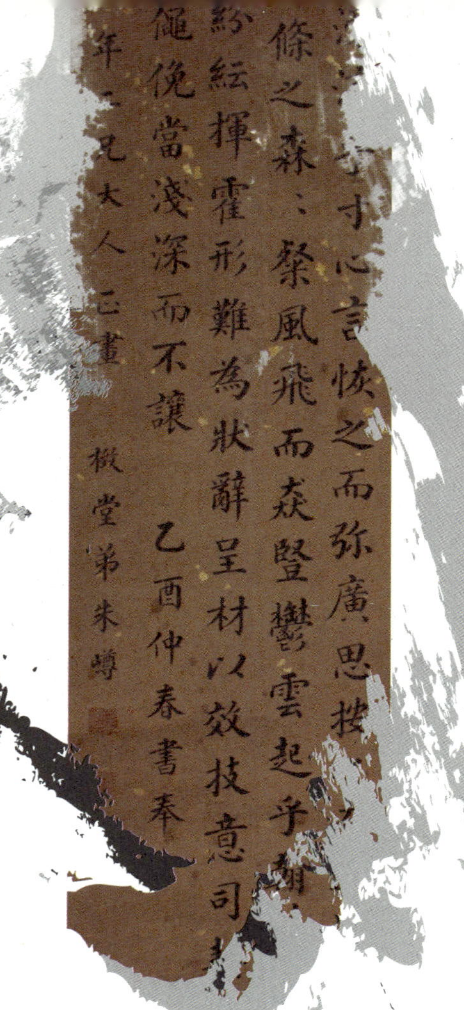

内阁大学士朱嶟

有谁能想象到，一个诞生在遥远的边地古城的云南通海人会与这场中华民族捍卫民族尊严的鸦片战争联系起来，每次无比崇敬地研读朱嶟的一生，我都会不知不觉潸然泪下。

清朝末年，河西木雕艺人高应美在通海县杨广镇小新村三圣宫内雕刻了一堂六扇精美绝伦的木雕槅子门，从此小新村名声大震，如今，槅子门被誉为“天下第一神雕”，吸引了四面八方的人们慕名而至，竞相瞻仰。而很少有人知道这个青山拥翠、水流潺潺的小山村还孕育了迄今为止有历史记录的通海籍职位最高的官员。在村里逼仄的街心走着，一座临街的土木结构的老屋茕茕孑立，很难想象这就是朱嶟曾经的祖屋，老屋经历了百年的风雨洗礼显得破败不堪。破旧的木门上悬挂着的“朱氏宗祠”四个黑体大字，门口两头石狮傲然雄视，显示了这座老屋的不平凡。两块嵌在房门两侧墙体内的大清皇帝御赐诰封碑，碑文尚且清晰可见，其中一块镌刻着礼部侍郎朱嶟，一块镌刻着内阁学士、礼部尚书朱嶟等字样。礼部尚书是主管朝廷中的礼仪、祭祀、宴餐、学校、科举和外事活动的大臣，清代为从一品，类似于今天的正部长级。其实朱嶟的职位和级别已经远远超越正部级，一份简短的简历足以让通海人骄傲与自豪。朱嶟（1791—1863 年），字仰山，号桎堂，云南通海人，著名清朝重臣。清嘉庆二十四年（1819 年），朱嶟中进士，同年入翰林院任编修，至清道光皇帝时任礼部侍郎，旋升户部尚书，后转任礼部、工部、吏部尚书，由于为官勤勉，政声卓著，累迁太和殿军机处行走，最后官位升至内阁大学士，按当代的行政体制，朱嶟应属国家领导人级别的官员。云南边陲的通海，一个偏僻的小山村，竟然诞生了这样一位位高权重、政声卓著的高级官员，足以让人刮目相看。不止如此，朱嶟积极倡导并勇敢投身清朝的“禁烟运动”，力排众议，积极支持林则徐虎门销烟，英勇抗英的大义凛然，让人无比崇敬。

朱嶟祖籍山环水绕的小新村，后来因为躲避祸乱，朱家举家迁到通海县城，朱嶟之曾祖、祖父都是入学秀才，而且

都曾做过私塾老师，到父亲时曾举优贡，从家庭的构成已经是三代书香门第了。家学渊源形成了一个良好的教育氛围，对造就朱嶟之后的出仕成名奠定了深厚的基础。

朱嶟幼年聪颖好学，童子时就智力过人。加上祖父是饱学之士，朱嶟六七岁时，祖父就教授《论语》《诗经》，很短时间他就能背诵许多篇章。在每年的春天，朱嶟的母亲都要带他到外婆家去玩，而朱嶟每次去都带着书包，白天喜欢与村童骑马放牛或到河里洗澡嬉戏，顽皮可爱。夜里他却在灯下看书，勤勉苦读的朱嶟十岁时已能背诵许多古文名篇，十八岁中乡试举人，二十八岁上京赴试中进士并入翰林院。

清朝是由女真族（满族）建立起来的封建王朝，它是中国历史上继元朝之后的第二个由少数民族统治中国的时期，也是中国最后一个封建帝制国家。1821 年，嘉庆帝卒，由道光皇帝即位，是为清宣宗。道光帝在位期间，西方各国已经开始进入中国的经济市场，他们以鸦片来敲开中国的大门，使中国的白银大量外流，人们深受鸦片毒害。于是，内阁学士朱嶟等高官上书皇帝，主张严禁，推荐林则徐为钦差大臣赴广东查办。1838 年，道光帝为了解决这一问题，任命林则徐为钦差大臣去广东主持禁烟。林则徐到广东后，打击烟贩，没收鸦片达两百多万斤，又在虎门当众将其销毁，即震惊中外的“虎门销烟”。林则徐在广东虎门销烟，朱嶟等在朝廷上与其呼应。“虎门销烟”之后，英国于 1840 年以保护侨民为名对中国宣战，史称鸦片战争。

大学士朱嶟画像

由于第一次鸦片战争中投降派的阻挠，中国成为战败国，同时，因为举荐林则徐之故，朱嶟也遭贬为山东学政。清道光二十一年 (1841 年)，清宣宗道光皇帝又重新起用朱嶟，任命为工部尚书钦理治理黄河御史。此期间因母病，朱嶟特告假回家乡看望老母。回到家乡通海留住月余，时逢中秋节，家乡父老认为朱嶟在京荣任尚书是家乡的荣耀，城中官绅都争着宴请朱嶟，朱嶟的一些好友故交陪着游赏家乡的名胜风光并诗酒酬唱，朱嶟也即兴作诗酬答。此

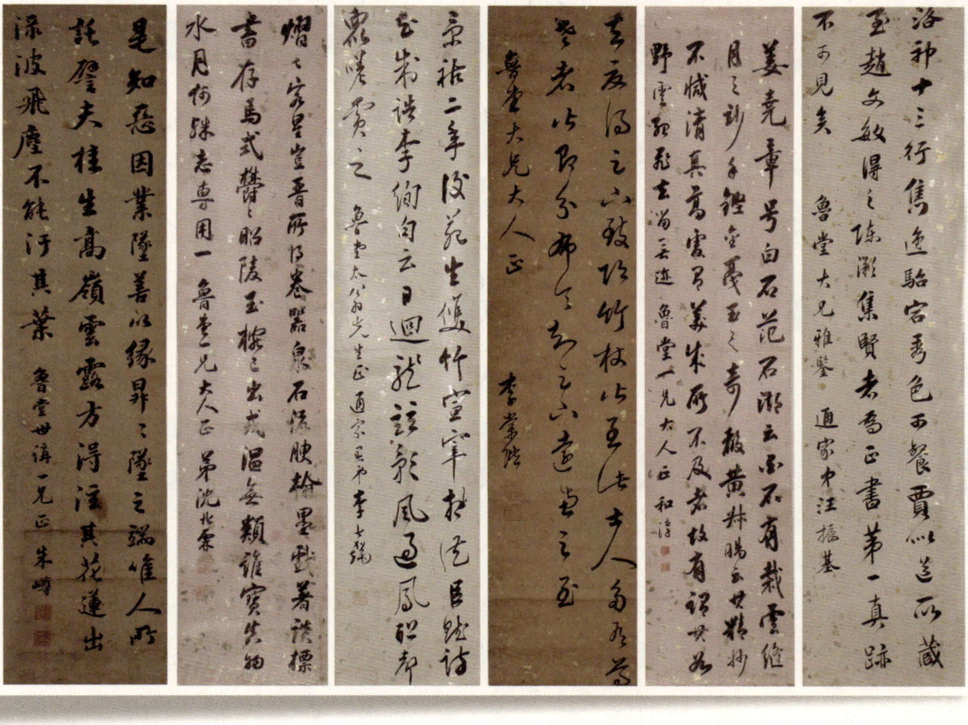

中给家乡留下了许多诗文墨迹，保存到如今的有珍贵墨迹对联、条幅、条屏，另外，还有木刻匾联，最为尊贵的是悬于通海县城中心聚奎阁二层楼的诗匾《登聚奎阁望秀山》："崔巍杰阁接重霄，选胜登临破寂寥。万里风云开碧落，数峰飘渺出烟绡。乍凭栏槛招空翠，却忆觚棱望斗杓。且喜时清庠序乐，要听歌咏答虞韶。"朱嶟在家侍奉老母病体痊愈，决定带着妻儿、老母上京。全通海县有名望的文人士子，以及朱氏族人纷纷赶来为朱嶟一家送行。此一去，朱嶟因官运亨通，政务繁忙，一直未再回过家乡。

朱嶟在京城做京官，有一拨云南籍的优秀人才也分批选入翰林院并派往各地任事，何桂珍、何桂清、窦垿等都是几个省的省府大员。这几位大员中，何桂珍是师宗人，曾任两江兵备道，在与太平军作战中以身殉职；窦垿也是师宗人，在湖南任事时，曾撰写过有名的岳阳楼长联；何桂清曾出任

朱嶟等六条屏

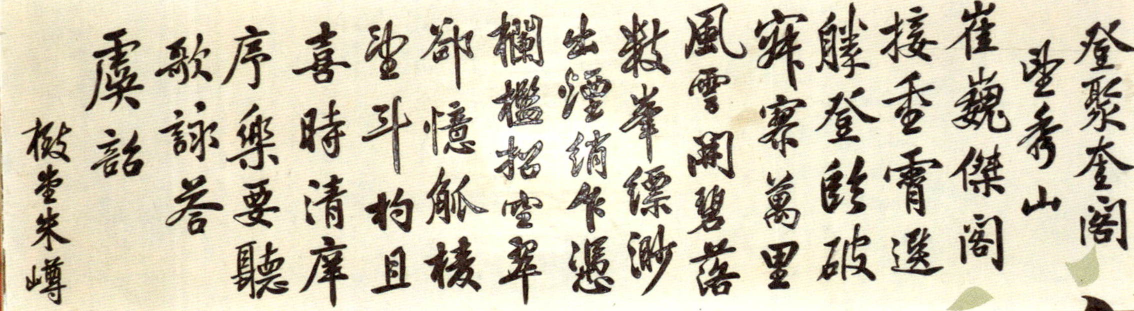

悬于通海县城中心聚奎阁二层楼的诗匾《登聚奎阁望秀山》

两江总督，与朱嶟的关系密切。何桂清是昆明人，清道光十五年（1835 年）进士，历任翰林院编修、赞善，内阁学士，礼部、户部侍郎等职。清咸丰四年（1854 年），何桂清调任浙江巡抚，清咸丰七年（1857 年）升任两江总督。虽然何桂清对朱嶟一直以恩师相称，但在对抗太平军的战争中，由于战事不力，造成南京失陷，逃奔几个地方都被“拒纳”，遂以借“夷兵（英军）助剿”为借口，逃至上海，于清同治元年（1862 年）被拿解上京、交吏部案审。

碰巧朝廷命朱嶟督办何桂清一案，早在何出任两江总督前，朱嶟就多次告诫何应“忠于职守，效忠国家”，但何桂清不以恩师之忠告为重，不以国家安危为己任，却玩忽职守，导致江南被太平军占领。朱嶟非常痛心，在何桂清案审期间，何的亲友多次向朱嶟说情，为同乡、门生情，请朱嶟多与朝廷斡旋，能以何桂清不处死刑为目的。但因何桂清的案情重大，朱嶟只能站在朝廷一方，将何桂清判处死刑。当时西太后（慈禧）已垂帘听政，为了整治朝纲，树立吏治的权威，将何桂清罪名再加一等，原来死刑只是一般的砍头，罪加一等之后就判成腰斩。何桂清被腰斩之后，朝野对朱嶟判

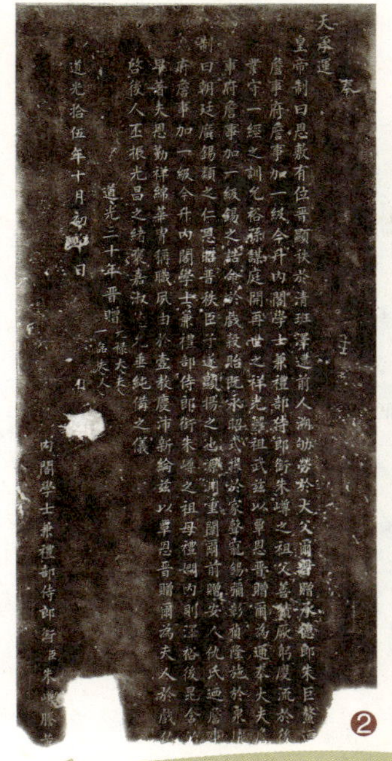

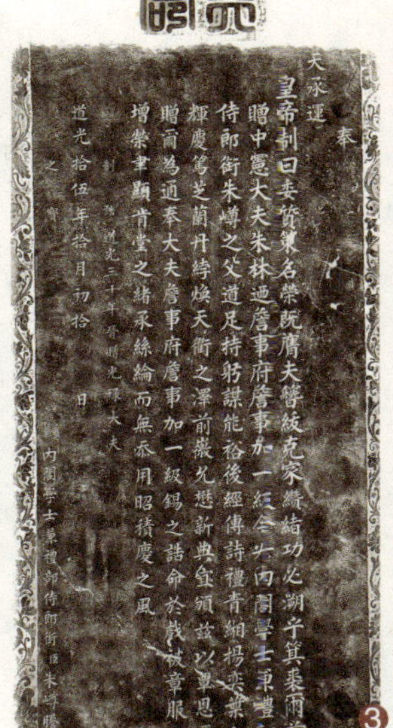

此酷刑舆论大哗。

由于朝廷没有正确肯定朱嶟的忠贞，而朝野舆论却对朱嶟“落井下石”“六亲不认”大肆渲染，云南的通海人也写信去大骂朱嶟。处在这样的矛盾旋涡里，进退维谷，朱嶟因此一病不起，病逝于北京，终年七十二岁。

朱嶟病逝后，朝廷因朱嶟是四朝忠臣，历任四个部的尚书，工作勤勉、政声卓著，朝中臣僚又大加怜悯，于是慈禧太后亲自主持为朱嶟行厚葬大礼，谥为“朱文端公”，钦命云贵总督在家乡通海立“皇清敕封忠信朱文端公嶟故里碑”，“皇清敕封忠信朱文端公嶟神道碑”，并敕令礼部在遵化皇陵之地辟出一块地安葬朱嶟。慈禧太后又亲自下懿旨敕加封已故的朱嶟之母为“一品诰命夫人”；再下圣旨敕封朱嶟夫人为“一品诰命夫人”，恩敕朱嶟之子四品顶戴，由礼部调国库白银五千两送往朱嶟府第，以作悯恤之资。

朱嶟已逝，但他政声卓著，忠君爱国，尤其挺身禁烟运动的壮举，足以让后人赞叹不已。不论沧海桑田，云南通海都应该为之骄傲与自豪。

❶ 朱氏宗祠礼部尚书朱嶟诰封碑

❷《朱嶟祖父朱巨鳌诰封碑》，道光十五年（1835年）十月初十日立，现存杨广小新村朱氏宗祠，高1.6米、宽0.78米

❸《朱嶟父亲朱林诰封碑》，道光十五年（1835年）十月初十日立，现存杨广镇小新村朱氏宗祠，高1.5米、宽0.81米

通海秀山以“匾山联海”著称，在秀山众多的匾联中，清康熙年间举人阚祯兆与云南按察使许弘勋题咏甚为绝妙，许弘勋与阚祯兆二人诗书俱佳，被称为“秀山双璧”。

秀山双璧——阚祯兆与许弘勋

通海秀山不仅林木幽深，建筑古雅，而且文采独具，诗韵悠长。她以绚丽多姿的山水文章建构起一座令人流连忘返的山林诗苑，琳琅满目的诗书展览馆，成为滇中一大文化宝库。清康熙时通海举人、著名诗人、书法家阚祯兆和康熙二十五年（1686 年）任云南按察使的著名书法家许弘勋，为这片山林诗苑的开创呕心沥血、功勋卓著，阚和许诗文俱佳，在秀山诗文匾联题咏甚多，为秀山文化遗存之瑰宝。阚祯兆，字诚斋，号东白，又号大渔、杞湖散人、兰陵客，生于明崇祯十四年（1641 年），卒于清康熙四十八年（1709 年）。在清末经济特科状元、石屏人袁嘉谷的笔记体史学专著《滇绎》中，称云南巡抚王继文“幕中有阚大渔诸人，故一榜一联，一金一石，书撰均斐然可观”，阚祯兆正是以其匾联书法的宏然大气在全滇卓尔不群，在秀山，仅他一个人题书的匾联就有二十多处，其中诗匾“秀山古柏行”，巨匾“惠我双湖”“千峰翠”“诸法空相”“高开洞庭野”，对联“松翠时相引，梨红不肯凋”均为上乘之作。许弘勋，字无功，辽宁辽东人，清康熙时探花，康熙二十五年（1686年）任云南按察使（主管政法、司法的官员），工于书法，善匾额。秀山上现存许弘勋匾联主要有“动静清和”“凝然聚秀”“风流天下闻”“惠风和畅”“秀山古柏阁”“佛谷云深”“地与文章争气势”“天于樵牧混英雄”“千峰万壑之楼”“海云楼”等。百余年来，阚祯兆、许弘勋的匾联一直是秀山这座文化宝库中一颗耀眼的明珠。

人在异乡常思归

阚祯兆出生于通海城祁家巷，其父阚应宗，医术精明而又济助病人，被全滇称为“盛德君子”。阚应宗有四子，阚祯

兆系长子，他 4 岁即熟读古诗文，临帖习字，14 岁选入秀才。阚祯兆从小接受了儒家思想和传统文化教育，严遵古训，不敢超越道德的规范。在《秀山赋》中，他曾述曰：“德不逾闲兮庶尊孔孟，心常安处兮日接唐虞。”家乡的湖光山色和古代诗人的熏陶，激起他对通海故乡深挚的眷爱。

23 岁时他赴滇省乡试中举人，再经过十年的寒窗苦读，于康熙十一年（1672 年），阚祯兆偕二弟阚福兆同赴北京参加会试。弟弟中进士，他却落第。考试失误必然带来仕途的坎坷。更为不顺的是，返乡途中，恰逢吴三桂等人叛乱。阚祯兆逃乱异地，急盼回乡。时局风雨飘摇，他四处躲避，逃到湖南辰溪，在当地一县衙中暂避风险。吴三桂又兵涌湖南，且搜求文武人员补充实力，阚祯兆以文才被看中，多次催召入幕，阚都一再推辞不赴。最后吴逆以兵戈相逼，阚不得已入幕充当书记员。适得家乡书信告知母病重，在

动静清和

吴三桂称帝之前，阚以此为由告假还乡。此时风声日紧，烽烟遍地，他风雨兼程赶奔云南，恰恰吴三桂又急令搜求，阚祯兆只得辗转迂回，近乡而不敢回，隐居于澄江之万松寺，又移至江川孤山、华宁慈光寺。风声仍然紧迫，阚近乡情更怯，却又急盼知乡音，于是奋不顾身潜回故乡，隐居于远离城镇的深山密林中的蜢蚱箐。

1678 年吴三桂称帝后不久病死，至 1681 年其孙吴璠亦兵败自杀，叛乱平定，阚祯兆方返回通海城中故园。自离乡赴试至安抵家门，恰好 9 年，此时阚祯兆已 45 岁。他朝思暮想，终于又回到通海，来到秀山，怅望涌金寺，依然古柏森森，情思奔泻，写下了他一生最优秀的七言古诗《秀山古柏行》。全诗 24 句，168 字，咏物述志，倾吐出他满怀的乡情和对历史沧桑的感慨。其中有诗云：

> 九年不见秀山柏，满地烽烟天欲坼。
> 天宝兵戈又千年，寂寞黄鹂锦江雨。
> 唯有秀山青不了，撑霄拂汉昏长晓。
> 苦心澹颜存孤直，悠悠万古白云深。

诗中洋溢着他对古柏的景仰、对自己孤高人格的慨叹。这是一首深沉肃穆的思乡曲。就是在他躲避战乱、远离故乡时，也不忘故乡的养育之恩。康熙十五年（1676 年），35 岁的他心潮难平，激情奔涌，曾挥毫写下了气势雄浑、秀劲飘逸的巨匾“惠我双湖”，这是又一次对家乡湖山的虔诚咏叹。秀山与杞麓湖成了阚祯兆一生诗文书法的中心主题，在他离乡和返乡之初所写的这幅巨匾和长诗，也成了他笔下最受人赞赏的咏叹故乡的代表作。这两件作品获得众多文人学士官宦们的共鸣，纷纷相继围绕通海的一山一湖一树（古柏）吟唱不已。特别是阚祯兆的知音许弘勋所题“秀山古柏阁”“惠风和畅”匾与之

呼应，这二匾与阚氏的一匾一诗相映成趣，不愧为秀山故乡之颂的双璧，犹如韵味悠长的湖山交响诗，引发后来者以秀山为中心，唱出更多的恋乡之曲。

以联会友传佳话

阚祯兆在通海山林隐居时，云南巡抚王继文因久慕阚祯兆诗书人品，就派许弘勋到通海劝说阚祯兆出山。当时阚祯兆隐居于离城几十里的蚂蚱箐，拒会许弘勋。且在门上贴一对联述志：

既有诸公辅社稷
何妨一老卧林丘

阚祯兆隐居不仕决心未动，其才学人品更令许弘勋敬佩，许相见之心愈切，于是写下一联回赠阚祯兆：

地以文章争气势
天于樵牧混英雄

阚被许的诚心感动，但仍然留恋山林，又以一联回赠之：

豪气不随沧海变
野心今被白云留

但许弘勋仍未罢休，且更热诚相邀，并再以一联抒发对阚祯兆敬慕：

戏彩埋轮，在老夫则吾岂敢
浣花坦腹，唯斯人吾谁与归

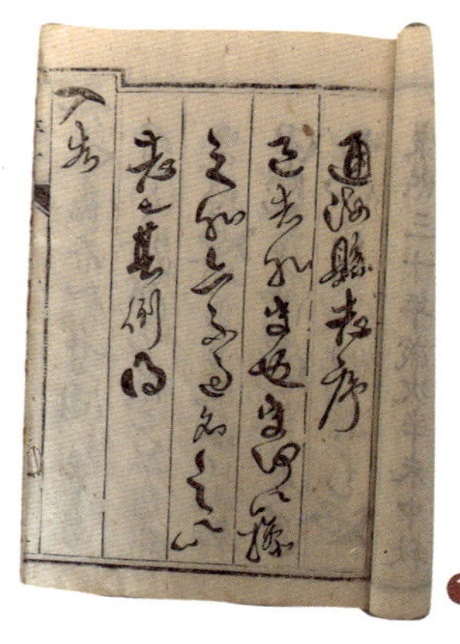

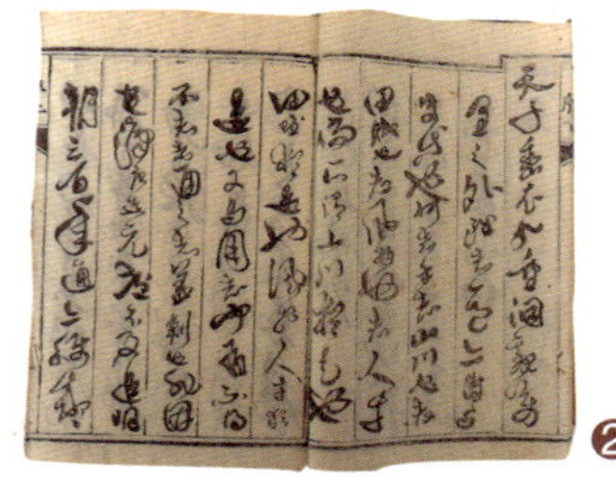

❶ 阚祯兆手迹《康熙通海县志》

❷ 阚祯兆主编清康熙《通海县志》

他在上联把阚比作娱亲的老莱子，又比作汉代埋车轮以示弹劾权贵决心不变的张纲；下联则视阚祯兆为成都浣花溪畔的大诗人杜甫，坦腹而卧被择为佳婿的王羲之。二人经过四年的交往，阚祯兆终于被许的真情所感动，离山回城，随许一道进入王继文的幕府。所以阚祯兆在送别许弘勋时才唱出如此深情感戴的诗句：浣花杜甫伤心事，节度严公去蜀西。

借唐代杜甫与严武的友情表达了对许的惜别深情。同时，这交往过程也曲折地反映出阚祯兆对官场的戒备以及自己的为官之道。

进入省城王继文的幕府，阚祯兆仍时时怀念故土，并以诗书吟咏家乡秀色。但他更深切关注百姓的疾苦，他以自己的特殊身份仗义执言，以诗言事。如在五言排律《上云南王大中丞》中云：俗因宽亦化，政以惠为师。

希望为官者对百姓多加宽容和恩惠，这是他从精神实质上对杜甫思想的继承。

阚祯兆与许弘勋书法匾联珠联璧合

阚祯兆把这种精神融进了自己咏叹湖山秀色的诗，而他在这方面的最成功的作品则是《秀山通湖行》和《太平叹》。儿时受到的儒家教育和充满艰辛的仕途、旅途，以及家父名医遗教的济世爱民的精神，养育了阚祯兆对受苦百姓的仁爱之心。

《秀山通湖行》首先描绘了湖光山色，听了关南一道士弹琴之后，笔锋一转，把美丽湖山下农民血泪斑斑的命运展露无遗。

> 棠梨树里布谷声，农民愁绝又东耕。
> 去岁官租卖儿女，今年乳下已无孙。
> 半里城烟何萧索，四十年间未休兵。
> 我来看山春湖碧，听罢孤桐百忧并。

通海湖山的美景同农民在官租逼迫下水深火热的生活形成鲜明对比，让读者为农民一洒同情之泪，痛恨那给农民带来灾难的官租与兵火。这首诗的描写对象、情节、感情诸方面都令人想起1200多年前杜甫在“安史之乱”中所写的名篇《石壕吏》。

阚诗中最长的七古（48句，336字）《太平叹》更是一篇老农冒死揭露所谓“太平”世道的血泪控诉书。大小官员任意宰割百姓，百姓不但不能反抗，还得为那些贪官暴吏们歌功颂德，称之为“太平得优游”。而这位野老无牵无挂、毫无顾虑，向这位听他倾诉的丈人无畏地揭露嘲讽了所谓“新例”——新的纳税惯例和父母官们对百姓的横征暴敛、残暴凶狠。其中诗云：

> 父母堂上日笞棰，门前春草鲜血流。
> 一事便生千百弊，小吸民泥鲸吞舟。
> 借使风俗返淳朴，皮肉割去筋可抽
> ……

野老把自己的生命置之度外，向丈人暴露了一个让人触目惊

心、鲜血淋漓的惨剧——衙门里的父母官们为了逼租逼税，竟然打得农民百姓鲜血流淌淹湿了门前的碧色春草，真是惨不忍睹、耳不忍闻。这种官家残害百姓的场面，过去历史上各种诗篇中也极少写到。阚氏敢于聆听、敢于写入诗中，实在表现了一个忧国忧民诗人的正直与胆魄。杜甫曾在《奉赠韦左丞丈二十二韵》中发出他的千秋怀抱的誓言：致君尧舜上，再使风俗淳。

与此相呼应，他为秀山题写的匾额中，有“扶天正气”，有“大地光明阁”，与那两首咏叹民间苦难的七言古诗一脉相承。歌颂过秀山“千树万树绿如云”的阚祯兆，没有忘记这里还有“春日野老哭不休”。他清醒而博爱的胸怀的可贵袒露，使他的山林之诗达到同乡同行中的最高境界。

❶ 青宵野竹寺门低

❷ 白日寒泉丝管静

迷恋山林创诗苑

阚祯兆成为云南巡抚王继文的幕僚之后，大受器重，他本人也在文牍书翰方面大展雄才，有人称他为“杜诗王字，以造奇迹”。阚诗具有杜诗的某些神韵实质，而他书法中显露出王羲之、张旭、怀素的秀劲洒脱，从他为省城书写的大南城的“近日楼”、大北门的“望京楼”巨匾以及《重修归化寺记碑》《铁峰庵记碑》《重修高山寺碑》《关夫子五华衢庙碑》《宁边楼记碑》《彩云楼序碑》和《昙华寺碑》均可以睹其书法之风采。

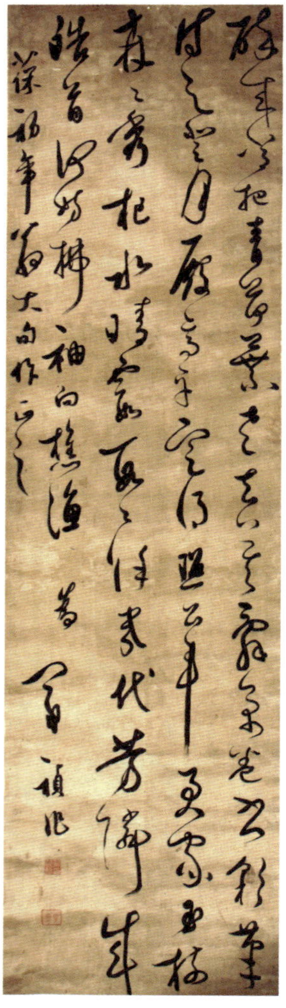

而他不遗余力，以诗和书法营造的艺术殿堂，则在家乡山林——秀山。即使他远在外地、身在幕府，让他魂牵梦绕的，仍是秀山山林。他永远属于秀山。他不愧是名副其实的秀山山林诗人。

自汉唐开始辟建园林以来，经明代流寓的杨升庵、韩宜可、王景常等及本地缪碌溪、陈其力等人倾力提倡、切磋、著述，秀山已初步建成山林诗苑的雏形。而清初康乾年间云南巡抚王继文，按察使许弘勋，临安知府王文治，通海县令魏荩臣、朱阳、江宏道，通海名士阚祯兆、阚福兆、钟岳、赵城、孔继尹等人全力以赴，终于使秀山以山林蓊郁、建筑典丽和诗文荟萃而名扬全滇——“秀甲南滇”（许弘勋语）之“秀”从此名声卓著，蜚声海内。人们所赞之“秀”不仅含湖光山色之秀，更有人才及诗书之“秀”。在自然与人才的俊秀中，首推阚祯兆。他在呕心沥血的长篇大作《秀山赋》中为秀山忧心忡忡、倾诉衷肠：“信乎山不在高兮，而水不在深。有美其公诸天下兮，敢循荒弃（遮蔽）以无闻。怅昔贤之不我觏兮，对眇眇而愁生。”他要让家乡这座不高的秀山之美公诸天下。他以自己俊雅的彩笔为秀山题写、讴歌。虽然他也想学陶渊明，且在秀山题写了“心远地偏”的匾额，但他的主要精力是用在对秀山风物的描摹抒写，用于对山林诗苑的建树。经过几百年的沧桑巨变，现秀山上仍保存、悬挂着阚祯兆联有17块（副）之多。还有与之唱和的许弘勋的匾联存悬有13块（副）。在秀山现有的150块左右匾

清代通海县城图

联中，他二人占五分之一，在几乎无额不匾、无门不联、无壁不诗的秀山林苑中，阚祯兆以其诗意浓郁、书法超卓而光耀后世。

在《通海县志》中录选的200多首诗中，阚祯兆独有70首，约占三分之一，且五古、七古、五排、五律、七律、七绝几乎各种体裁他都有所吟唱。在他70首诗中，直接描述咏赞秀山的又占22首。他不论离乡应举、流亡外地，或是省城参政、隐逸乡野，都不忘用诗或匾联题书表达自己对故乡的眷眷诗情。他有这个才华和志向，把秀山点缀描绘成了一个诗的山林。与阚祯兆同时的通海诗人张紫文《怀阚东白孝廉》写道：

闻子今何在？双湖垂钓竿。
白云诗思满，明月酒杯宽。

他怀念阚祯兆不但酒兴悠长，垂钓双湖，更敬重难忘阚氏的“白云诗思满”。杜甫曾自豪地宣称“诗是吾家事”。阚祯兆自己也深知诗在他自己和家中的地位：

吾家清白在诗书，富贵而今有覆车。

（《寄鹤滩二弟兼示孙窑溪》）

他也懂得诗人在社会上应有的地位：

近代风流归处士，千秋鼎鼐重词人。

（《赏学宫照水梅同段广文张二视草舍弟湘望岘思》）

他虽未直接把文章看成“经国之大业、不朽之盛事”（曹丕《典论论文》），把文章提到很高的地位，但至少他明白文人的身份、地位和责任。而且他更注重自身品德的高洁：

书卷不容尘暗入，钓竿常共月明低。

（《山居寄杨讷庵孝廉》）

清代阚祯兆的《秀山古柏行》，这是名冠滇中的诗文和书法精品，被誉为“云南的《兰亭序》”

悬挂于秀山古柏阁阚祯兆书中华名匾——《千峰翠》

他在家学渊源、诗学传统的陶冶下立志于诗，钟情于秀山诗苑的书写营造。他以诗书联袂，以“惠我双湖”（匾）感怀故土的养育之恩，以“千峰翠”（匾）渲染秀山如泰山“齐鲁青未了”（杜甫）的苍翠无涯，更以“松翠时相引，梨红不肯凋”（对联）点染出秀山之色彩斑斓、情思绵绵。而悬于清凉台的名联更倾注了他对家乡对秀山之情深意笃。

几经拨云寻路，倚树听泉，喜茫茫，才到此清凉境界

一任鸢飞鱼跃，天空海阔，活泼泼，都收上画图楼台

阚祯兆历经应试、逃亡、隐居、入幕、宦游、回乡的坎坷漫长的人生旅程，这艰辛备尝，也恰似攀游秀山，需多次“拨云寻路”，需倾注对故土对秀山全部执着的爱。他在此联中写了自己登山的坚韧意志和醉心自然的情趣。上联写登山，下联写远眺。他在登眺过程中体验到了动观探索之美（拨云寻路），也享受到了静观默察之妙（倚树听泉）。此两句是化用李白《寻雍尊师隐居》中的诗句：“拨云寻古道，倚树听流泉。”在阚的眼里，秀山确是一座耐寻、耐看、耐听、耐思的诗画佳境。他以此联导引人们游赏秀山，把秀山上下远近的妙趣佳景一览无余。可以说这是后来秀山匾联诗文写景、抒情、叙事、议理的范本。秀山现有六大建筑群，有连绵重构的楼、台、亭、阁、轩、廊，那满目生辉的古今匾联，几乎都延续着阚祯兆那样的挚爱的真情，开阔的视野、清新的境界、精妙的文词，对秀山做出各不相同的深情的描绘。

阚祯兆为秀山山林诗苑的建创立下了不朽的功绩。当地百姓和外地游人深深感激他诗书的情深艺精，为山林诗苑奉

献一生。滇中玉溪为有这样一座山林文学的殿堂而自豪。阚祯兆68岁的生命中，以巨大的意志和精力“拨云寻路”，历尽艰辛，矢志不移，终于找到了他一生中最惬意的“清凉境界”——山林之诗的境界。他以超卓的诗书才华担此大任，在同代及后人中出类拔萃。他在任王继文幕僚游于京师时，因其文采卓著，“朝野士人均愿与其诗文交，一时郎官大夫以不及交为恨”。连清康熙时的名臣学士张玉书、李光地、韩贞都同他有诗文唱和。至于他的书法，我国现代著名书法家沈尹默在赏阅阚祯兆的《甲申春日遣兴作》（康熙四十三年，1704年）后，特为之写跋语赞道：“阚君书帖，笔圆意稳，不失法度，其闲和流美处，于玄宰（明·董其昌）为近，虽无赫赫之名，求之近代，实不多见。”

悬挂于秀山清凉台阚祯兆书《惠我双湖》

秀山永远千峰含翠，万树如云。用慧心巧手为秀山注入毕生情怀的杰出诗人、书法家阚祯兆同秀山一样永生。

一字千金的中华名匾

受阚祯兆的影响，许弘勋对秀山也是情有独钟，他在《通海邑志序》里把秀山誉为“秀甲南滇”，并为秀山涌金寺题书巨匾“佛谷云深”，相传一字值千金。

这块“佛谷云深”气势雄伟，笔法恢宏秀美，高悬于涌金寺大雄殿内，为大雄殿增辉不少。传说当年秀山修建庙宇，由于资金不够到处筹款，时任云南按察使的许弘勋与阚祯兆是至交，而且对通海有着深厚的情谊，他听说这件事后，决定捐款三千两白银，当前去筹款的人听说他是个书法家，就说不要他捐款，让他写几个字，于是许弘勋手书“佛谷云深”四个大字，于是，一字值千金之说便流传至今。

涌金寺大雄殿是秀山寺院的最高建筑，许弘勋的题书也达到了秀山匾额的顶峰，名闻遐迩，赞誉不绝，被收入《中华名匾》。

中华名匾：“风流天下闻”

该匾悬挂于清凉台内武侯祠，武侯祠是纪念三国时蜀汉政治家、军事家诸葛亮的祠庙，祠内中楼还悬挂对联一副，“千秋出师表，五月渡泸人”，是纪念赞颂诸葛亮的名联。“风流天下闻”是许弘勋引李白《赠孟浩然》的诗句来赞美诸葛亮的，原文是：“吾爱孟夫子，风流天下闻，红颜弃轩冕，白首卧松云，醉月频中圣，迷花不事君，高山安可仰，徒此揖清芬。”诗的大意是我钟爱孟浩然，潇洒的风度，超人的才华天下人都知道。年轻的时候就抛弃了功名爵禄，晚年在青山白云之间隐居。在月光下饮酒常常沉醉，迷恋景色

一字千金的中华名匾——佛谷云深

不愿侍奉国君。你的品格像高山一样怎样才能仰望到？我只能向你作揖拜你的清香高雅的德行。许弘勋引用此诗来赞美诸葛亮，意义深刻。孟浩然是盛唐杰出的山水诗人，“风流”是赞美其潇洒高洁的风度人品和超然不凡的文学才华，孟浩然与诸葛亮一样，曾经隐居山林、寄情山水、淡泊名利、品格芳馨，李白对其十分仰慕。后来，刘玄德三顾茅庐，感动诸葛亮出山，辅佐刘备成就大业，诸葛亮的文韬武略以及鞠躬尽瘁、死而后已的高风亮节，至今仍为后人称道。此匾借以李白赠孟浩然诗为契，歌颂了诸葛亮的风采才华，名满天下，此匾被收入《中华名匾》一书，是秀山不可多得的文化瑰宝。

以柏树命名的著名古建筑

秀山古树名木繁多，郁郁葱葱，秀山有三绝——元杉、宋柏、明玉兰，声名远播。其中元朝香杉、宋代古柏都植于涌金寺内，一进涌金寺大门，一座阁楼雄伟矗立在正中央，仰视阁楼，几个苍劲有力的大字映入眼帘，这就是秀山古建筑中的精品——秀山古柏阁。此阁全部为木结构，阁的中部有一远眺湖光山色的圆门，整座阁楼雕龙画凤、精美绝伦。横匾“秀山古柏阁”乃著名书法家许弘

勋所书，两侧悬有许多楹联，其中仍以许弘勋所题“湖空山气静，阁迥树光寒”最为空灵、典雅。另外，有一副回文联也很有名气：“秀山轻雨青山秀，香柏鼓风古柏香。”许弘勋对秀山情有独钟，题咏甚多，皆为秀山匾联中的精品。宋柏位于涌金寺天井“雨花坊”右侧，树围数人合抱，垂枝婆娑、四季常青。古柏植于宋代嘉熙年间，与涌金寺同时，至今已有八百多年，千百年来，秀山古柏一直是文人墨客吟咏的对象，也是游人驻足赞赏的热点。古柏引人怀古、气象森严，秀山涌金寺建阁祭祀，而许弘勋的题咏“秀山古柏阁”也成为千古绝唱，为阁楼增辉不少。国家文物局领导多次亲临秀山古柏阁，称之为秀山古建筑中不可多得的精品。2006 年 5 月，秀山古建筑被国务院公布为第六批国家级文物保护单位，秀山古柏阁为国家级的古建筑，声名远播。

秀山古柏阁是直接源于“古滇国”的建筑遗存，它是滇国的子民们留给通海古城的一个“影子”、一个“谜语”、一幢“杰作”

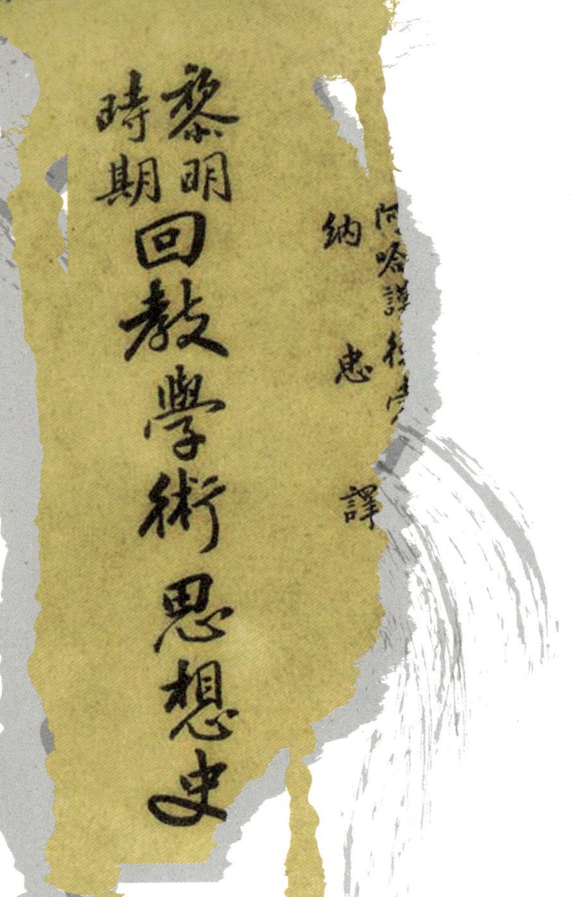

纳忠、纳训——中阿文化的使者

因为两个通海人的缘故，杞麓湖与尼罗河发生了微妙的关系。远在“天方”的文化和故事，被他们源源不断地带入中国，与汉文化水乳交融，同生共长。事实上，“天方”在我们记忆的屏幕上，显得缥缈、神奇，像一个神话世界，不可思议，遥不可及。

“天方”作为一个让我们浮想联翩的词语，最早出现在我国古老的典籍——《简易经》里，说的是在只有水没有地的时候，世界只有一个方向，那就是南方。那时的“南方”与“天”同语，也就是“天方”。多少年以后，我们的祖先偶然在梦中或诗中与阿拉伯地区相遇，思维顿时活跃起来，对那片土地充满了奇异的艺术般的想象，因此就惴惴不安地把那片美丽的土地喻为“天方”。

1930 年，恍若一个奇异的梦变成了现实，一位阿富汗商人从“天方”而来，无意间走进了昆明私立明德中学，他看到那里的回族学生，不仅勤奋学习中文，而且苦心诵读阿拉伯文和伊斯兰教义。阿富汗商人很高兴，对学生们说，你们应该到埃及去读书。此后，这位阿富汗商人就利用他的“关系”，给埃及的爱资哈尔大学写了一封热情洋溢的推荐信，把自己在云南昆明的所见所闻告知那里的教授们。也许是这群刻苦学习阿文的云南回民学子感动了“天方”的教授，爱资哈尔大学很快就回复，同意接纳云南回族青年学生。

诞生在通海县杞麓湖北岸纳家营村的纳忠，幸运地成了首批留埃学生。他与另外三位云南同学，沿滇越铁路经越南到香港，再从香港搭乘法国安答立邦号邮船，历经41日的海上颠簸，来到了埃及开罗，进入了爱资哈尔大学，开始了他漫长的留学生涯。这是一所建于989年的古老大学，是阿拉伯国家历史最悠久的大学，也是伊斯兰的最高学府。纳忠在这块古老的土地上，带着坚定的信念和谦逊的姿态，不停地寻觅，不停地行走，不停地汲取异域的迷人文化。在他入学的第二年，就利用课余时间翻译了《伊斯兰教》一书，寄回国内出版。此书概括了伊斯兰哲学、伦理、历史、文化和《古兰经》、圣训等各方面的内容。出版后很受中国读者欢迎，曾被国内许多回民学校选为教材。更让他兴奋的是，同是杞湖之子的纳训，也在1934年被明德中学保送到爱资哈尔大学深造，成为云南的第二批留埃学生。两个通海学子相聚

纳训翻译的阿拉伯文学名著《一千零一夜》

纳忠著作《埃及近现代简史》

在金字塔的故乡，相聚在尼罗河畔，他们共同漫游古朴的阿拉伯集市，共同走过弯曲的小街；他们爱上了那些方形的带着穹隆圆顶和密格花窗的中世纪建筑，他们看到了身穿黑披风的老妇人，看到了慢慢游逛在路上的驴子和骆驼，看到了狮身人面雕像和卢克梭的太阳神庙；他们沐浴在古埃及深厚的文化气息里，饱览多姿多彩的阿拉伯风俗民情……这一切拨动了他们年轻而敏感的心弦，滋养了他们对阿拉伯文明的感性理解。

纳忠和纳训分别在埃及度过了 9 年和 13 年的求学岁月。纳忠在这片土地上，像孩子吸乳一样，孜孜不倦地猎取各种知识，确定了自己今后的学术方向。纳训则根据个人的兴趣爱好，选定文学为主攻目标。他们两人决定从不同的侧面去认识和研究这片土地。这种默契的“分工”，其实是一种新的、更丰富的探索，他们希望通过共同努力把那些陌生而多彩的历史文化带入中国。

我们知道，早在 1900 年，我国的翻译家周桂笙就零星地把阿拉伯文学名著《一千零一夜》，从英文、日文转译为中文。让中国人第一次从渔翁的故事、辛伯达七次航海的故事、阿里巴巴和四十大盗的故事、阿拉丁神灯的故事中，认识和想象阿拉伯世界的神奇与美丽。可以说，中国人被那些来自“天方”的奇异故事和景象，深深吸引住了。但对于阿拉伯的真实历史和《一千零一夜》的真实面貌，知之甚少，甚至主观臆断，夸大失实，许多美丽的事实被曲解或虚化。纳忠和纳训决心改变这种现状，用他们独特的讲述方式，来搭建“天方”与中国的桥梁，沟通两种文化的气韵。此后，无论人生的道路多么曲折，物质生活多么贫困，他们都不改初衷，一直坚持着开垦那片丰厚的文化土地。

纳训在埃及期间，开始试着直接从阿拉伯文翻译《一千零一夜》。他首次采用最流行的巴格达版本，把《一千零一夜》译成中文版的《天方夜谭》，共 6 册，每册 10 万至 12 万字，由上海商务印书馆出版了 5 册。他还翻译了《古兰经的故事》《阿拉伯名哲学家传》等阿文著作。同时，他又将我国的古今文学名篇，如柳宗元

的《捕蛇者说》、鲁迅的《风筝》、朱自清的《背影》、罗峰的《绝命书》、曹禺的《雷雨》等等，翻译成阿拉伯文，发表在埃及的各大报刊，让中国文学走进了神奇的阿拉伯世界。

纳忠在埃及则完成了他四十余万字的专著《回教诸国文化史》，第一次把阿拉伯的历史文化真实地展现在中国人面前，让中国人首次感到“天方”的事物是那样生动迷人，离我们是那样远，又是那样近，并由此拉开了中国人研究阿拉伯和伊斯兰历史文化的序幕，并掀起了热潮。纳忠也因为学术成就突出而于 1936 年 6 月获得了爱资哈尔大学从中世纪以来一直实行的最高文凭——“学者证书”。据考证，这种“学者证书”与今天的博士学位基本相当。更有意思的是，这种旧学制在向纳忠颁证后的第二年被新学制所取代，纳忠也因此成为这所著名大学历史上第一个获得“学者证书”的中国学生，也是最后一名获此证书的东亚学生。

最值得我们赞美的是，他们非常热爱自己的祖国，对故土有着深厚的感情。1937 年 7 月，印尼华侨许承基到埃及参加网球大赛，赢得了众人的喝彩，许承基成了明星，被当地报刊误认为是日本人。纳忠与同学们因此为许承基举办了一

纳忠（左）与纳训（右）在埃及爱资哈尔大学

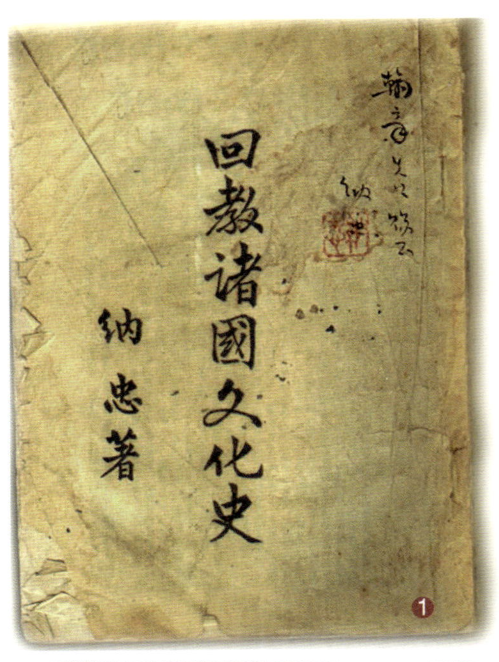

❶ 纳忠著作《回教诸国文化史》

❷ 纳忠翻译的著作《阿拉伯文化的黎明时期》

个欢迎茶话会，邀请新闻记者、各团体代表和各界人士参加。在茶话会上，纳忠分别用中文和阿拉伯文宣读了欢迎辞，许承基非常感动，在讲话中声明："我是中国人，不允许任何人随意改变我的国籍。"

当时正值抗日战争时期，纳忠和同学们每天把《金字塔日报》《埃及人报》《埃及邮报》《妇女周刊》等报刊上的中日战讯，摘译出来，编辑刻印成一份小报，散发到华侨手中，劝告回教世界抵制日货，支援祖国抗日。1938 年，人民教育家陶行知先生受中国各界救国联合会委托，以"国民外交使节"的身份，到欧、美、亚、非等 26 个国家宣传抗日救国，当他抵达开罗时，纳忠和同学们高唱着《义勇军进行曲》，一起前去欢迎陶行知先生。陶先生在日记中写道："谁也不曾想到，在这古国的沙漠里，听到了我们民族的吼声……"

纳忠和纳训的心里有祖国、有故乡，他们先后学成归来，回到了中国，回到了云南。纳忠回到昆明的时间是 1940 年 7 月，他回乡后的第一件事是立即主持恢复了母校明德中学，之后又被重庆中央大学聘为历史系教授，首次在中国的大学里开设阿拉伯文化、阿拉伯史两门课程，填补了我国教育史上的空白。1947 年，

纳忠著作《阿拉伯通史》上下卷

他又应云南大学熊庆来校长的再三邀请，回到昆明，在云南大学任教。1949年10月新中国成立，埃及成为第一个承认新中国的阿拉伯国家，与中国建立了外交关系。中国外交部急需懂阿拉伯语言和研究阿拉伯历史文化的人才。1958年5月，纳忠奉国务院之令，从云南大学调到北京外交学院，创办阿拉伯语专业，为我国外交战线培养出一批批阿拉伯语人才。1962年，北京外交学院并入北京外国语学院（1993年改名为北京外国语大学），纳忠仍然担任阿拉伯语教授和亚非语系主任，并兼任阿拉伯语教研室主任、系务委员会主任委员、院务委员会委员。1981年，纳忠成为我国第一位阿拉伯历史、文化专业的博士生导师，为我国培养出第一位阿拉伯历史专业的博士。六十多年来，他为祖国培养了一批又一批合格人才，他的学生已遍布阿拉伯世界的中华人民共和国使领馆、国内各高等院校和研究所。他编著和翻译的著作主要有《阿拉伯通史》（中文本和阿文本）、《埃及简史》（中文本和阿文本）、《伊斯兰教》、《伊斯兰教的信仰》、《五功与伦理》、《穆罕默德传》、《回教学术思想史》、《回教诸国文化史》、《伊斯兰教与阿拉伯文化》、《回教法学史》等十余种。同时，他还在教学之余，主编或主译了《阿拉伯伊斯兰文化史》（1～8册）、《阿拉伯语》（1～10册）、《传承与交融：阿拉伯文化》等等。可谓著作等身，洋洋数百万字。 事实上，他对阿拉伯历史文化的深层次研究，不仅是开创性的，而且已到达了让人仰望的高度。特别是自1980年以来，纳忠教授多次应邀代表我国学术界和伊斯兰教界出访阿尔及利亚、巴基斯坦、马来西亚、沙特阿拉伯等阿拉伯伊斯兰国家，受到多国元首的亲切接见，被国内外誉为“中阿文化交流的使者”。 2002年3月22日，当我们打开电视机的时候，纳忠教授在中央电视台《东方时空·东方之子》中出现了，我们在惊喜之余，感受到了这位阿拉伯历史学家、阿拉

伯语教育家在独特的学术领域中的“漫步人生”，听到了他最睿智的声音，目睹了他最动人的风采。

最让我们激动的是，2001 年 10 月 25 日，93 岁高龄的纳忠教授获得了联合国教科文组织颁发的首届“沙迦阿拉伯文化奖”，成为非阿拉伯国家获得这一国际文化大奖的第一人。这项国际性的奖励被誉为“世界阿拉伯文化界的诺贝尔奖”，是从来自亚、非、欧 21 个阿拉伯国家和非阿拉伯国家的 33 名候选人中评选出来的，“以表彰他对阿拉伯语言与文化非同寻常的广博知识，肯定他研究阿拉伯文化的大量著述，特别是有关阿拉伯历史著作的重要”。这不仅是他个人的光荣，也是整个中国的光荣，更是家乡玉溪、通海的光荣。

纳训也同样走过了一条光荣而荆棘的道路。他于 1947 年回到昆明后，先在他的母校明德中学任校长，并兼任伊斯兰教刊物《清真译报》主编，后调入云南民族学院和云南省文联工作。那时，他依然迷醉在《一千零一夜》里，依然梦想有朝一日把那部卷帙浩繁的阿拉伯社会文化生活的百科全书完整地翻译出来。1954 年，机会来了，他应邀参加中国作家协会在北京召开的翻译工作会议，欣然接受了重新翻译《一千零一夜》的重任。从此，他似乎找到了事业的归宿，让自己的每一天都充满了创造性的劳动。他根据艾博・安东尼校勘编辑的五卷本，用了三年时间，新译出了《一千零一夜》的三卷选本，共 81.1 万字，于 1957 年至 1958 年间由人民文学出版社出版发行。中国读者从中感受到了阿拉伯古老文化的光芒，看到了一个更加神奇的阿拉伯世界——巴格达的繁盛、宫苑的豪华、苏丹夜宴的灯光、如云的歌女、航海致富的巨贾以及法官、圣徒、奴隶、女巫、诗人、流浪汉、贩夫走卒，一个个栩栩如生，跃于纸上，充分显示了阿拉伯人民高度的智慧和神奇想象。难怪苏联文学家高尔基把它誉为民间文学中“最壮丽的一座纪念碑”。

为了把这部堪称世界文学奇迹的古典名著完整地翻译成中文，人民文学出版社于 1960 年把纳训调入北京，让他专心从事《一千零一夜》的翻译。开始几年，翻译还比较顺利，他连续完成了几卷初稿。但随着“文化大革命”的到来，《一千零一夜》变成了“大毒草”，他也被打成了“牛鬼蛇神”，翻译工作被迫中断。直到 1973 年，纳训才得以继续从事他梦寐以求的翻译工作。他从此与时间赛跑，呕心沥血，反复斟酌，几易其稿，对中阿两种语言文字的理解、融会、体味和表述，简直达到了炉火纯青的地步。到1984年，纳训终于完成了全译本，共6卷，约230万字。这是中国第一本直接译自阿拉伯文的全译本，可以说，在世界各种《一千零一夜》的译本中，纳训的译本是最能体现原作风貌、容量最大、字数最多、文采最丰沛的译本。

这部巨著出版后，立即成为畅销书，虽多次再版，仍供不应求。我们被书中那些流光溢彩的画面、离奇突兀的情节、奇特诡异的形象、精致巧妙的结构和人类那种追求美好理想的执着精神所折服，它深深地吸引着我们，影响着我们，成为我们梦中最香、最甜、最瑰丽的书。纳训接着又应出版社的委托，选编了《一千零一夜》儿童版，为我国的少年儿童提供了一份特别的精神食粮。上海人民艺术剧院还将《一千零一夜》中的《阿里巴巴与四十大盗》改编为芭蕾舞剧，搬上了舞台，也曾轰动一时。

如今，纳训先生和纳忠教授已分别于1989年12月27日和2008年1月24日在北京逝世。一个享年78岁，一个享年99岁。在我们的心目中，他们永远是两座异常雄伟和美丽的文化“天桥”，一头架在云贵高原上的杞麓湖畔，另一头直通非洲的世界第一长河——尼罗河。他们让东方文化和伊斯兰文化有了一条非常重要的相互理解和融合的通道，他们是坚固的桥梁，更是勇敢的使者。

南京雨花台革命烈士马克昌

1931 年 4 月 29 日，一个年仅 25 岁的共产党员在南京国民党中央监狱的刑场被枪杀。面对丧心病狂的刽子手，他大义凛然、视死如归，以铮铮铁骨，表现了一个中国共产党员的浩然正气。他就是当年著名的南京雨花台烈士马克昌先生。他是祖国人民的优秀儿女，是通海人民的光辉典范，他的英名与山河永存……

马克昌，字敬德，1906 年出生在云南省通海县（原河西县）汉邑村。幼年时的马克昌聪慧好学，7 岁进私塾接受启蒙教育，9 岁到河西县第五区第一国民小学就读，小学毕业后随父亲到昆明。父亲经营棉纱铺子，初中毕业后，马克昌考入昆明成德私立中学。在成德中学期间，他受革命思潮影响，积极投身于反帝反封建的学生运动。1925 年，马克昌以优异的成绩考入云南省立第一师范学校。当时的昆明，正被国民党的白色恐怖所笼罩。马克昌将生死置之度外，与中共地下党、团组织有关系的艾思奇、雷同、聂耳、马子华等一道积极从事革命活动，并于 1926 年参加共产主义青年团。

1929 年 7 月 11 日，占据昆明的地方军阀发生内讧，引起火药库爆炸，北门街、圆通街等路段大部分民房被炸毁，受灾居民达一万两千余人，造成昆明历史上罕见的“七一一大灾难”。惨祸发

马克昌故居

生后，在昆明的中共地下党立即以“互助会”的名誉，成立由马克昌、刘希禹、李国柱、聂耳、张天虚等党、团员和进步青年组成的“青年救济团”参加救灾工作。马克昌和刘希禹为灾民四处募捐，并回家向父亲要钱来买曲焕章的“百宝丹”去救人。他们把伤者送医院抢救，死者募捐买棺木安葬，无家可归的孤儿安置到孤儿院。没有救人的工具，就用手去刨埋在废墟里的灾民，每天很晚回到家中，两手血迹斑斑，浑身上下尽是灰尘。由于灾民太多，许多人无家可归，马克昌作为“青年救济团”代表之一，参加了昆明市“七一一赈灾会”常委会，他大胆地向群众揭露反动军阀争权夺利、抢占地盘给老百姓带来灾难的事实真相，极力争取社会各界的救济。

马克昌投身革命，被封建家庭认为大逆不道。就在他 16 岁那年，父亲硬逼着他与一位 14 岁的姑娘结了婚。这位姑

娘叫向自芳，通海四街人。结婚那天第一次见面。马克昌结婚后只在家乡住了二十多天，就独自一人上昆明去了。但他对这位只读过两年小学，又是小脚的农村姑娘充满了同情，对她终年不辞辛劳、操持家务于心不忍。每逢假期回到家，他一面尽力帮妻子做事，一面向她讲述许多妇女翻身解放的道理。征得父亲的同意后，马克昌将妻子接到昆明。他让妻子解去缠脚布，并买回当时市场上唯一能买到的《三字经》当作识字课本教妻子念。

在通海汉邑村老家，有马克昌亲自组织的“家乡青年同乐会”。每逢假期回到家乡，他整天与村里的青年在一起，给大家唱歌、跳舞、讲故事，传播革命思想。马克昌很注重锻炼身体，磨炼革命意志。每天黎明即起，身穿背心、短裤，光头赤脚在石子路上和沙沟里跑步，到村后人迹罕至的龙潭内游泳，家人要求他跑步穿鞋，他说要练个铁脚板，将来好走路。

作为长子，父亲很希望马克昌继承父业去经商。马克昌非但不听父亲所言，还终日在外不顾生死、潜心革命。这使一生为生意奔忙的父亲大为恼火，对他施加各种压力，先是停止供学，命其回家料理家务。马克昌不从，便被关锁起来遭受打骂，后乘人不注意偷跑回学校。没有被盖，就和同学借了一床被子御冬，其间吃了不少苦头。

1929 年 10 月，国民党中央政府与云南反动势力勾结起来，在昆明召开反共大会，诬称“七一一灾难”是“共产党趁机暴动”所造成的，妄图将人民的斗争矛头转向共产党。为揭穿国民党反动派的反共阴谋，马克昌、刘希禹、陈仲模等革命青年冲进会场，无所畏惧地站到讲台上散发传单，带领群众高呼革命口号，当众撕破了国民党当局的反共嘴脸。

不久，国民党政府在昆明开始大规模搜捕共产党员、共青团员和革命群众。马西云、秦美、甘汝松、李有才、田定帮等八名共产党人惨遭杀害，其他组织成员的行踪也在敌人的严密监控之中。根据当地党、团组织的决定，马克昌、刘希禹、陈仲模、聂耳等一批党团员和进步学生撤离昆明。临行前，马克昌回到家乡过中秋节。他把村中几十位青年请到家中，让大家席地而坐，听他弹奏聂耳创作的《义勇军进行曲》《大路歌》。然后带着大家一起歌舞，勉励有志青年积极投身革命。之后，他告别了结婚六年，年仅二十岁的妻子和尚在襁褓中不满百日的独生女儿，和一位湖南籍的同志义无反顾地离开了家乡，踏上寻找

党组织的道路。

由于缺乏路费，又担心敌人追捕，马克昌和那位湖南同伴一边打工、一边赶路，途中几乎丧命。凭着坚强的革命意志，他们辗转蒙自、河口，经越南河内，返回广州，历尽艰辛后于1930年初到达上海，住进江湾区安乐里1012号蔡家花园，找到了党在上海的组织。

在上海，马克昌加入了中国共产党，担任上海市江湾区区委书记，与云南的刘希禹、陈仲模等共产党员一起组织、领导江湾一带的革命工作。这三位云南籍的爱国青年也因此结下了深厚的革命友谊。

1930年11月17日，中共江南省委发出通告，要求上海各区委成立广州暴动纪念筹备会，动员工人、学生和革命群众积极参加纪念活动。同时，印发“关于纪念广州暴动三周年”的传单，呼吁“大家一致罢工、罢课、罢耕、罢操，参加南京路大示威”。马克昌等中共地下党的负责人连日奔走于各高等学校，动员革命师生投入这一有意义的活动。在他们的感召下，江湾一带的许多大学的革命学生、进步教师纷纷走出学校，到工厂、农村联络广大工农群众参加活动。不断高涨的革命气氛引起了敌人的密切注意。12月9日，马克昌参加筹备纪念广州起义三周年的会议，在回公寓的途中被国民党特务跟踪，刚进寓所就被潜伏在寓所周围的军警逮捕。当时，马克昌身上带有许多中共江南省委、省执行委员会印制的纪念广州起义的传单和12月11日在南京路举行的全市群众示威游行的路线图。为了不让路线图落到敌人手里，趁军警搜身的一刹那，马克昌急中生智，迅速将图纸塞进嘴里，被特务卡住脖子未能咽下。马克昌被押往上海龙华监狱。事后才知道，这一切都是由于叛徒出卖造成的。和他一起被捕的，还有刘希禹、陈仲模等十多位战友。

马克昌

在监狱里，马克昌等人受尽了国民党反动派的酷刑拷打，

但他和难友们始终严守党的机密，沉默冷对敌人的盘问。28日，他们被押往南京，先在“小营子”戴上镣铐，又被押送到“海陆空军监狱”（后改为“中央军人监狱”），马克昌被关在“改过自新”的“自”字监所。

“对于革命者，坐牢就是最好的学习和休息”，马克昌和难友们对被捕入狱表现出极大的革命乐观主义精神。尽管十多人挤在一间又小又黑的监房，吃的是发霉的米饭、烂菜叶，马桶就放在吃饭睡觉的地方。但他们抓紧时间学习，利用每天半小时的放风时间锻炼身体，准备将来出狱后继续干革命。面对惨无人道的电刑、坐“老虎凳”等，马克昌和其他同志一样经受住了严峻的考验。为了尽量减少党的损失，保护同案难友，马克昌承担了所有责任，说敌人在他们寓所搜出的革命传单、书刊是他自己的。

1931年4月29日，马克昌和刘希禹、陈仲模等人被敌人以违反“民国紧急治罪法”判处死刑。其他十余人被判处六年至十年的有期徒刑。据1937年出狱，新中国成立后曾任铁道部高等法院院长、后在中纪委供职的陈坦同志回忆：面对国民党反动派的血腥镇压，这三位云南的同志毫不畏惧、面不改色。他们事先悄悄写了一些革命小标语，准备去刑场的路上散发。看守问他们还有什么交代，他们镇定自若地给亲友写了遗书，把个人仅有的一点钞票、衣物和药品一一分给难友，向难友们点头诀别，然后从容不迫地走向刑场。

刑场设在监狱外的一块空地上。就在马克昌等人遇害的四天前，1931年4月25日，敌人在这里杀害了当时党在上海的领导人之一恽代英同志。4月29日，同样在这块土地上，面对敌人的枪口，马克昌带头振臂高呼：“打倒蒋介石、国民党！”“中国共产党万岁！”狱中的难友们清楚地听见高亢的口号声，听到许多枪声，大家万分悲愤。后来难友们听看守讲，在刑场上，马克昌不愿看到两位战友倒在自己前面，要求敌人首先向自己开枪。气极败坏的刽子手向马克昌连开数枪，他喊口号的嘴巴被打烂了，右手还在不停地挥动。马克昌和两位战友牺牲后，一位同案的云南籍难友悲恸地说：“我们没有死，是他们把一切责任承担了下来。只要不让他们死，就是多判我几年都行。”

“姐姐、弟弟、妹妹，我和你们永别了！我虽和你们永别了，但我仍和你们一块生活着。”1931年春，这封充满悲壮和深情的绝命书和马克昌牺牲的消息一同传到昆明，全家人沉浸在巨大的悲痛之中。为了不让他的妻子过早承受这

一突然打击，大家决定暂时保密，只说他出远门去了。

不久，马克昌的妻子和女儿被送回汉邑村老家。妻子独自一人抚养着女儿，盼望丈夫早日归来。18 年以后的 1949 年，她才知道马克昌牺牲的消息，痛不欲生。丈夫牺牲了，女儿一度时间在外干革命，她一人孤寂地生活着，至死一直未嫁。1990 年，她随女儿举家迁往昆明，2007 年 6 月 27 日逝世，根据老人遗愿，孙子将她的遗体送回通海，安葬在汉邑村后山上。此时，老人已有 96 岁高龄，她最大的心愿是在通海汉邑村旧宅建一座马克昌纪念馆，供后人接受革命传统教育，以告慰马克昌的在天之灵。

马克昌牺牲时，他的女儿马丽佳不满两岁。到长大读中学时，才从老师那儿听到父亲为革命早已牺牲的消息。女儿也从此立下“女承父业”志向，在昆明读书时就参加了进步学生组织。云南临近解放时，她回到家乡，留下一封信告诉母亲，父亲在 18 年前就已牺牲了，她要继承父亲遗志，去参加革命。女儿离开母亲，到昆明参加了滇中独立团，战斗在云南的崇山峻岭中。新中国成立后，为了照顾无依无靠的母亲，女儿由部队回到家乡，在河西中学任教，后又到通海一中教书。1974 年光荣地加入了中国共产党。父女两代前赴后继，不愧为革命家庭。为完成母亲的愿望，女儿曾两次带着母亲去南京雨花台为父亲扫墓。为争取建盖马克昌烈士纪念馆四处奔走、多方努力，几乎耗尽毕生精力。如今，已经 82 岁的马丽佳同儿子、女儿共同生活在昆明。

马克昌故居

马克昌同刘希禹、陈仲模三位云南籍烈士的遗骨安葬在南京雨

花台烈士陵园。烈士的遗像和事迹陈列在南京雨花台烈士纪念馆第二展厅。为查证入志人物有关资料，1986 年，通海县人民政府委派县志办公室人员专程前往南京，查阅到关于马克昌烈士的部分资料。此后，他的生平事迹收录于《通海县志》《滇中烈士党史人物选编》《宝山革命烈士传略》《云南文史丛刊》总第八期等书刊。昆明、玉溪、通海等地的革命烈士陵园纪念碑上，都镌刻有他的英名。现将保存于通海县烈士陵园内的纪念碑碑文部分内容摘录如下，以便共同景仰，以志永世不忘。

自 1931 年至 1990 年六十年中，通海籍（包括原河西县）烈士共一百七十人。这些革命烈士中，有在敌人刑场上英勇就义的中国共产党党员；有为云南人民的解放，顽强战斗、英勇牺牲的中国人民解放军滇桂黔边纵战士；……他们是祖国人民的优秀儿女，是全县人民的光辉典范，他们的英名同山河永在；他们的不朽业绩，将永远铭记在人民心中……

有色金属王国的骄子戴永年

他用坚持不懈的努力，构建了一座科技创新大厦；他用自主创新的探索，编织出璀璨的“真空冶金之梦”。苏联著名真空冶金专家科扎赫米托夫院士称：“戴永年教授的研究和发明处于世界前列。”

他只是淡淡地说：“我喜欢在高校做教师，我愿意走科技创新之路。”

他从秀山之麓走出，在滇池之滨成长，在昆明理工大学担任一名普通教师。

近半个世纪的辛勤耕耘，使他成为世界知名的科学家，跻身中国工程院院士行列。

土生土长的云南人成为中国工程院院士，他是第一个。但他在中国创下的第一，却远远不止于此。

他是中国第一个探索“真空冶金之梦”的先驱者，他的研究成果处于世界领先地位。

他第一个成功研制出“内热式多级连续蒸馏真空炉”，解决了分裂铅锡合金高耗能、高污染、低回收的难题。

他第一个成功研制出“卧式真空炉”，使工业废渣——热镀锌渣变废为宝，应用此炉高效处理硬锌，创造的经济效益数以亿计。

他第一个主持撰写中国真空冶金的系统专著——《真空冶金》。

他第一个主持编写中国第一部《锡冶金》。

他第一个创建中国真空冶金及材料研究所。

……

戴永年1929年生于昆明，祖籍通海（戴家家谱记载，戴家十三代人居住在通海文庙街，戴永年为戴家第十四代子孙），1951年7月毕业于云南大学矿冶系。1954年到中南矿冶学院（现中南大学）研究生班深造，受教于苏联列宁格勒矿冶学院的依·尼·皮斯库诺夫教授及我国著名冶金专家周则岳教授。毕业后回昆明工学院（1953年从云南大学分出，现昆明理工大学）任教。

戴永年教授"锡冶金"课程，每年都要到云南个旧冶炼厂、选矿厂、矿山进行现场考察。个旧锡矿里有铅，冶炼中要把铅锡分开。新中国成立初，我国主要采用"氯化物电解法"处理铅锡合金。戴永年很快发现这种冶炼方法的缺点：流程长，耗能高，污染大，回收低。他开始思考改进冶炼方法。

1957年，苏联著名有色金属冶金专家谢富留柯夫教授应邀到昆明工学院讲学，介绍了真空蒸馏分裂铅锡合金的试验，这个试验只是烧杯试管中的小试验，但其思路却闪电般划破了长时间以来困惑戴永年的问题，他开始进行理论推论：

真空冶金有利于增容反应。在真空状态（即使千分之一或万分之一个大气压）下，反应需要的温度明显降低，液体容易变成气体，蒸发的速率比常压下能提高约一百倍，这可使真空冶炼的温度降低，减少燃料的消耗，从根本上改善工人的劳动条件。

真空冶金能够提高产品质量。真空冶炼系统是密闭的，冶炼过程缩短，更容易控制，更能有效提高产品的质量。

真空冶金有利于环境保护。在常压下，空气中的一些活泼金属会参加反应，冶炼过程容易与空气中元素发生化合反应并容易挥发，不仅产品纯度降低，而且会造成严重的环境污染，而真空冶炼中金属不易氧化，大大提高了金属的回收率，且没有废气、废水、

戴永年院士进行教学活动

废渣的排放，对环境基本无污染。

1958 年，戴永年组建了我国第一个真空冶金试验小组。他借带学生实习的机会，把工厂当实验室，在个旧冶炼厂、鸡街冶炼厂、昆明冶炼厂开展相关研究。

积累了一定经验后，戴永年开始设计真空冶金扩大试验设备，这个设备的核心问题是设计出一个真空冶炼炉，主要难题是，如何把冶炼过程摆进真空？怎样抽出真空？怎样测量真空部？最关键的难题是，学校不是科研单位，没有研究资金。就在这时，“文革”开始了，大学几乎瘫痪，戴永年也被派去生产毛主席像章，写标语口号，他无奈地戏说自己“一天到处晃”，但他仍然没有忘记真空试验。无论政治风云如何变幻，他始终坚信，人生一辈子，就是要为社会、为人民做点事。

“文革”后期，戴永年被调回搞生产科研，他一头扎进真空冶金之梦，重新拾起“文革”前的课题——用真空冶炼的方法分离铅锡合金。

20 世纪 70 年代初，戴永年忘我的研究感动了学校领导，学校破天荒拨给他 700 元研究经费。戴永年赶紧拿着自己设计的真空冶炼炉设计图和 700 元钱去求在工厂的老同学、朋友帮忙，让他们加工一套扩大试验设备，厂方粗略预算，700 元仅够做炉子的外壳！戴永年又拿着设计图跑到省冶金局求援，科技处处长尧勋深受感动，破例借款 5000 元，戴永年暂时不去想自己 70 元的月薪怎么去偿还 5000 元，他决定先把这些钱用在刀刃上。他先用 2000 元买了变压器，又进一步完善了炉子的内部设施，经过师生们的艰苦努力，真空冶金的扩大试验开始了。

他们遇到的第一个问题是抽不出真空。没有检漏设备，10 多个人围着炉子团团转，也不知是哪儿漏气，试验的难度远远超过了他们的预想。但戴永年不气馁，他不断借鉴和思考别人的研究，琢磨那一条条别人没走通的路，他坚信，成功和失败有时只有一步之遥，关键是思维方式。

他注意到，广西的一个厂曾经试过把电直接通到焊锡上让其发热，但这种方法处理一吨焊锡要耗电 16000 度，每吨处理成本比“电解法”高出 200 多元（按当时市场价）。为什么耗电那么高？戴永年经过反复计算和推断后发现：高耗电的原因在于炉子的内部结构不合理，顺着这一思路，他从理论上计算出耗电量可降到 160 度，反复核对无误后，戴永年抓住这个关键去设计，不断改进炉子的内部结构……

在无数次失败之后，他摸索出“内热式多级连续蒸馏真空炉”的基本结构，这个炉子使处理每吨焊锡的耗电量降低到 1000 度，投产后又降到 500 度，每吨焊锡的加工成本降低到“电解法”的 1/7，锡的回收率由 96% 提高到 99.4%，一项推动有色金属冶炼技术革命的重大发明浮出水面，戴永年成功了！

重德育才脩身
扶材治金科

戴永年院士生活照

这项新技术获得1979年中国冶金工业部科技进步四等奖，相应设备“内热式多级连续蒸馏真空炉”获得1987年国家发明四等奖，并取得国家发明专利。现已有58台真空炉运用于云南、广西、湖南、湖北、安徽、广东、辽宁、甘肃、江西等省区的34个厂及玻利维亚、巴西等国，创造的经济价值以亿元计。以上技术和设备用于粗铅火法精炼，1989年获国家科技进步二等奖。

经过21年漫长摸索发明的“内热式多级连续蒸馏真空炉”犹如一把金钥匙打开了真空冶金的神秘大门，戴永年面前出现了一个无限广阔的空间。

20世纪80年代初，戴永年在中南大学的老师写信告诉他，武汉钢铁公司的热镀锌渣堆积成山，叫他去看看能不能处理。热镀锌渣属工业废渣，主要成分是锌，含铁5%，另外还含有锗、铟、银等稀有金属。按提炼要求，必须将热镀锌渣中的铁由5%降低到0.003%。热镀锌渣的性质与焊锡不同，焊锡熔点低（200~300 ℃），而锌要420℃，铁要1500℃，“内热式多级连续蒸馏真空炉”用不成。

戴永年考虑还是用真空蒸馏的方法，但此法已有人研究过，均以失败告终，主要是铁的含量达不到要求。戴永年陷入了沉思。他先进行理论计算，运用自己在长期研究中独创的“汽液相平衡成分图”进行计算后，他惊喜地发现，热镀锌渣的铁可以降到小数点9个0以后，而不只是0.003％。反复核对无误后，他开始对别人的失败试验进行理论分析，既然蒸馏可以把铁分离出来，那么成品中的铁从哪儿来？0.003％意味着100万个原子只要有30个铁原子就不合格，这很少很少的铁从哪儿来呢？戴永年久久地沉思着，铁炉子，铁管子，对呀，设备中有铁，戴永年眼前一亮：铁是蒸馏后又加进去的！既然这样，我切断蒸馏出来的物质与铁的接触不就行了？顺着这一思路，戴永年仅用三年多的时间就由小试验做到了大试验，成功研制出“卧式真空炉”，最后还将铁含量降低到0.002％，超过了厂方的处理要求。

1994年，“卧式真空炉”获得中国有色金属工业总公司科技进步二等奖，并获得国家发明专利。

“卧式真空炉”的成功为企业和国家带来了巨大的经济效益。1997年，广东韶关冶炼厂建立了5台“卧式真空炉”，多年积存的万吨硬锌变废为宝，锌的回收率大于85％，锗的回收率达到97％，铟和银的回收率也达到97％，按当时市场价，锌10000元/吨，锗10000元/千克，铟3000元/千克，银100元/千克，仅此几项，韶关冶炼厂年创利税高达4600万元。1998年，处理硬锌的“卧式真空炉”获得中国有色金属工业总公司科技进步二等奖；1999年，又获得广东省科技进步一等奖；2003年，获国家科技发明二等奖，这项技术和设备在2004年使宣威金沙公司产铟超过10吨，此前，全省铟的年产量低于1吨。

1994年，他开始关注无污染新能源——锂的真空提炼。锂是被誉为“推动世界前进的重要元素”的稀有金属，其用途十分广泛，应用范围包括制造高性能电池、替代汽车发动机燃料、炼铝、制造玻璃陶瓷、空调制冷等。经过一年多的试验，戴永年又在这个领域取得了成功，并获得国家发明专利。戴永年所领导的研究所与云南铜业公司合作创建了“昆明永年锂业有限公司”，昆明理工大学以“真空炼锂”的专利入股，共同生产稀有金属——锂。戴永年决心为昆明理工大学创建一个拥有自主知识产权的标志品牌，实现昆明理工大学“省内领先，国内先进，国际知名理工特色突出的著名大学”而奋斗！

在真空冶金的世界里，戴永年的路越走越宽。当他发明的各种炉子正在全国各地大显神通时，他又把目光投向锌、镁、锂等金属化合物的真空还原提取研究，在真空中制造超细粉末的研究（属纳米技术）。1989 年，他主持创建的“真空冶金研究室”更名为“真空冶金及材料研究所”，他带领同事们创造性地自行研究，设计，建造大、中、小型真空炉 15 套，用来装备自己的实验室，以满足学校教学和科研的需要。1999 年 11 月，戴永年创建和领导的昆明理工大学真空冶金及材料研究所获得了“中华全国总工会职工职业道德建设百佳班组”的光荣称号。

戴永年不仅是一位杰出的高校教师，一位献身真空冶金的科学家，还是一位著作等身的学者。50 多年来，他共发表学术论文 100 余篇（其中 12 篇被 SIC、EI、ISTP 等收录），出版学术专著 7 部，创造性地提出“真空蒸馏合金分离的判据”“汽液相平衡成分图”“合金中各元素发挥量间的关系”等金属在真空中汽化分离的理论。1977 年，他主持编写我国第一部《锡冶金》专著，此书被列为国家优秀科技书目。1988 年，以他为首撰写的《真空冶金》成为我国真空冶金的第一部系统专著，此书荣获 1990 年中华人民共和国新闻出版署国家优秀科技图书二等奖。他还主编了 29 万字的高校教材《有色金属真空冶金》。2000 年，戴永年又出版了总结他近半个世纪教学研究成果的《有色金属材料真空冶金》。1988 年，他应邀到联邦德国亚琛大学讲学。1989 年又应邀前往美国“矿

戴永年院士为真空冶金国家工程题写的座右铭

物·金属·材料学会”（TMS）年会上做《粗金属及合金真空蒸馏分离杂质元素》的学术报告。1990 年，他又应邀前往哈萨克斯坦做《真空冶金在中国》的学术报告。

戴永年先后获得国家级和省部级奖励 22 项，荣获全国五一劳动奖章，全国“高校先进科技工作者”、云南省劳动模范、“云南省有突出贡献的优秀科技人才”、云南省模范党员等荣誉称号，享受政府特殊津贴，中国真空学会授予他“94 科技成就奖”……

1999 年 11 月，七十高龄的戴永年被评为中国工程院院士。

院士，是我人生的又一个起点。戴永年深邃的目光久久凝视着远方……

散落民间的珍珠

通海是一个镶嵌在特有的山水、土石、树木之中的现实主义与理想主义融为一体的神奇而深厚的古老城邦。

当我们从一开始触摸这个高原城郭的历史地理时，就有一种时空交错的感觉。许多人常常寻味，在这些山水城郭之间究竟包含着怎样的文化秘密呢？当我们用最诗意的哲学眼光来打量通海的历史时，无疑让我们看到了其中更真实更丰厚的人文价值，也让我们感到自己正在一种深厚而光辉的古今文化中成长，这种感觉何等美妙和快乐。对通海山水人文的考察，其实就是为了发现、揭示和利用其中蕴含着的那种固有的力量，使自己所处的地方更有秩序，更有生机和活力。我们从通海人身上，看到了通海的“乐土”精神——生生不息、温暖和谐、坚韧顽强，永远与大自然保持着最密切的关系。对于这一切，我们现在可回忆和可叙说的实在太多太多了。史书上那些大量的“名词”“细节”和“故事”，犹如时光堆叠起来的岩层，在我们的想象和掘开中，展现出她鲜活的文化神韵。

东方音乐“圣女”

1943 年初春的一天，通海的 18 个妙龄女孩在父母的呵护下，来到通海古城北郊一座树木掩映下的南北寺里，参加一年一度的“春醮”庙会，从此演绎出一段感人肺腑的东方音乐传奇。

那一天，18 位妙龄女郎第一次听到了洞经音乐，她们每个人都有一种奇怪的感觉，冥冥中听到一种召唤。那种召唤的声音仿佛来自天堂，又好像是她们体内本来就存在的难以言状的东西。她们看到一群年轻的男子，身穿长衫马褂，脚套青鞋白袜，在富丽堂皇、庄严肃穆的大殿上，依次而坐。他们有的手敲木鱼，有的手持摇铃，有的口吹唢呐，有的撞击铙钹，有的敲锣打鼓，有的弹奏三弦，有的口唱经文。她们仔细数一数，刚好 18 个男子。她们的心不由一跳，是偶然的巧合？还是上苍的安排？ 18 个女孩前来观赏 18 个男子演奏。她们看到，这 18 个男子的眼神都有一种幻想的气质，从他们柔和而文雅的似有似无的微笑中，流露出一种苍凉和悲伤的光影。最让她们震撼的是，一种深藏在音乐深处和晦涩难懂经文背后的力量，触动了她们的想象、肌肤、灵感。原

来，自己的精神、灵魂与外部世界，是如此美妙、如此精彩。在一瞬间，那18个男子的气质、表情、音乐，赋予了她们做人的尊严、自由和信心。同时，她们成了这种音乐的女囚，再也走不出它的光环，走不出它的故事。的确，这种音乐是云南特有的地方音乐，已有400多年的历史，它是一种关于人的生命与精神本质的音乐，虽然它有一个宗教色彩极其浓厚的名称——洞经，但它赞咏膜拜的不是神，而是人，而且是人中的先贤俊杰——孔子、关羽、岳飞。那个时代，这种音乐只能在高堂庙宇中演奏，气氛雍和雅致，开明清朗，可以说是当时的主流音乐，有着至高无上的地位，所以上流社会规定，演奏者必须是文化修养较高的男子，否则就会亵渎它的圣洁。

这18个女孩只好秘密地组建自己的洞经礼乐社，秘密请来一个名叫张云涛的男子当她们的师傅，秘密苦练演奏洞经音乐的十八班武艺。张云涛先生早年毕业于上海音乐专科学校，后因辗转宣传抗日，导致双目失明。回到通海后，他正打算静心研究一下当地的民间音乐。而恰巧通海“五圣会”洞经班的元老张家熊先生，在这个时候也意识到女子的参与能为洞经

❶ 王桂英在练习敲击编钟

❷ 2001年10月29日五位音乐老人在北京保利剧院排练

❸ 2001年11月1日在中央音乐学院演奏

谈演注入生机，因此也想秘密培养女子洞经人才。继后，张家熊与张云涛一拍即合，协力传授。张家熊教经曲及谈演礼仪，张云涛教曲牌及乐器，他们教得非常认真，要求十分严格。她们当中虽然有先来后到、时间长短、基础厚薄之别，但都能刻苦用心，相互辅导，勤学苦练，反复演习，从不间断。四年之后的 1947 年夏天，由“妙善会”更名为“妙善学”的女子洞经会正式成立，并像“同文会”一样打出了“元皇阐教”的旗号。

18 名漂亮姑娘终于盼来了这一天，她们首次在秀山三元宫公开露相。她们头戴黑绒帽，身穿淡绿色的面襟衣裳及白色裤子，脚穿血青袜和黑色金绒鞋，礼仪规范，演奏娴熟，歌声悦耳，令人赞叹。她们每人都能同时使用三种以上打击乐器。她们的唱腔无须进行任何处理，生就什么样的音质音色就吐什么音质音色。其中，还大量融进了民歌风格。整个唱腔唱法，听起来庄严肃穆、古朴典雅，给人一种宫廷的、宗教的、民族民间的妙不可言的感觉。她们连续在秀山三元宫谈演了三天，围观者挤得水泄不通，引起了强烈的社会反响，从此开始独立的设坛作会。之后，“妙善学”一改其他洞经会故步自封的活动方式，兼融儒、释、道三教会期，经常应邀为各地庙会社火谈演洞经。当然，现实不允许她们如此“疯狂”，如此“胡作非为”，如此“伤风败俗”。一场“音乐官司”最终打进了县衙门，惊动了县太爷。结果，虽然

县太爷恩准她们演奏洞经，但是有个条件，那就是她们从此必须洁身自好，永不婚配。为了迷人的洞经音乐，她们相互用眼神商议了一下，果断地答应了县太爷的条件。从此，她们成长并生活在洞经音乐的天堂里，有了内心的交响乐。在绝对另类的音乐的单行道上，艰难地行走了半个多世纪。她们的命运，就是洞经音乐的命运，而洞经音乐的个性，就是她们的生命意气。她们的血液里有着丰富的音乐成分，她们不平凡的人生境遇和曲折的人生故事， 也丰富了洞经音乐的生命内涵，使洞经音乐更显得神秘奇妙。

2001 年 10 月，这些从未到过昆明、从未跨过省门的老人，应邀参加第四届北京国际音乐节，从云南边城一步登上了国际乐

坛。人们永远记住了这一幕：10 月 31 日晚，在一千多名首都观众、音乐界人士和各国音乐家的热烈关注中，通海“妙善学”女子洞经乐社的五位洞经老人身着清一色的汉族传统服饰，蹒跚着走进北京保利剧院，登上舞台。这些年过八旬的民间音乐老人第一次离开家乡来到首都，在国际音乐的大舞台上展示她们对洞经音乐的崇敬与不懈追求。她们坐在昆明洞经礼乐团的前面，仅仅表演的一曲《三通鼓》，当激越振奋的乐曲戛然而止时，场内各国观众从她们简单的唢呐声、锣鼓声、铙钹声、三弦声，以及迟暮的嗓音里，看到了一种民间精神的原型，感受到了一种生命的灵光和高原的气息。人们不约而同起立，对她们冲破封建桎梏勇敢追求音乐艺术的献身精神，对她们娴熟高超的演奏技巧和一生锲而不舍的执着，报以长时间热烈掌声和由衷的敬意，有许多听众甚至感动得潸然泪下。她们的演出为音乐会锦上添花，成了整台音乐会的一个高潮 。

不得不补充说明，第四届北京国际音乐节是在保持历届北京国际音乐节高质量、高水准惯例的同时，使本届北京国际音乐节更上一层楼，荟萃了俄罗斯圣彼得堡爱乐乐团、捷克爱乐乐团、波兰华沙国家大剧院、法国图卢兹国家交响乐团、日本东京爱乐乐团、中国爱乐乐团以及钢琴家、指挥家阿什肯纳齐，作曲家潘德列茨基，歌唱家谢丽尔·斯图德，小提琴家马克西姆，大提琴家朱利安·劳埃德，钢琴家彼得·多诺霍等一批世界著名的乐团、剧院和音乐大师。 所以，通海“妙善学”女子洞经音乐的演出成了新闻媒体的一个热点。中央电视台、中央人民广播电台、《人民日报》（海外版）、《中国文化报》、《中国艺术报》、《音乐周报》、《北京青年报》都对她们进行采访，从不同的角度做了精彩的报道。她们是：王桂华、林金贞、葛元珍、王桂英、赵素贞。

❶ 擅长二胡、板胡、小胡、唱念、打击乐器的音乐神女赵素珍

❷ 擅长布堂、二胡、唱念皆通的音乐神女葛元贞坐在开往北京的火车上

❸ 音乐神女林金贞青年时代的倩影

❹ 张云涛先生 1929 年在上海音乐专科学校学习时的照片

主持唱念兼打击乐的音乐神女王桂华

时间进入 21 世纪初，当年的 18 个妙龄女郎唯余 3 人了。她们最小的也有 86 岁，最大的已 91 岁。她们依然生活在最纯粹的古城里，仍然独身守候着洞经音乐。现在，当人们提到她们的名字时，就轻轻地把她们唤作“爱乐女”或东方音乐“圣女”。

2014 年 3 月，最后一名守望洞经的修贞姑娘王桂英也离开了人世。“妙善学”女子洞经班成了永远的传说……

流动的舞台、行动的艺术

那些流动的舞台有着怎样的高度，又是如何浓缩了历史、现实和神话故事里的悲欢离合和精彩瞬间？这些都让人充满了无限遐想。

一直以来，有关通海高台的种种描述，像是一块巨大的磁石，深深地吸引着我，对我而言，高台艺术就是一个个难以破解的神秘符号。

无数次我走进七街村，走近装裱高台的艺人们，试图去解开心中的谜。七街位于杞麓湖畔的四街镇，这个小集镇因为上百年来一直是云南省赫赫有名的大牲畜交易市场而名震四方，而高台就像养在深闺人未识的美丽少女，始终披着一层朦胧的面纱，即使你观看了无数次高台展演，也很难参透其中的玄机。2006 年，通海的高台艺人们第一次走出云南，来到广州市番禺区参加第八届中国民间文化艺术展演，与来自全国各地的 28 支代表队同台献艺并且荣获中国民间文艺最高奖“山花奖”，这个在七街有着上百年历史的民间艺术开始享誉四方，而我也就是从那时起，开始在仰望中品读通海

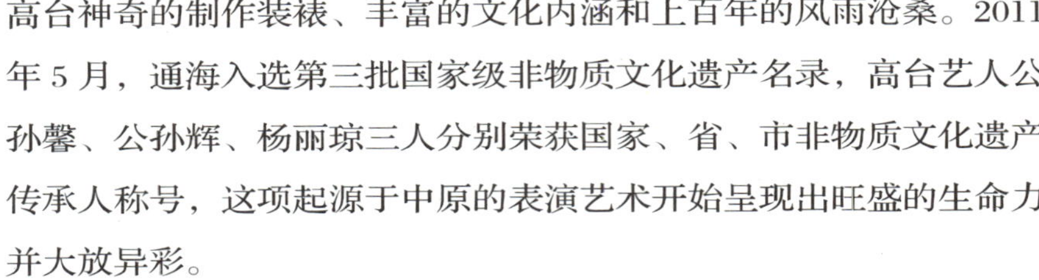

高台神奇的制作装裱、丰富的文化内涵和上百年的风雨沧桑。2011年5月，通海入选第三批国家级非物质文化遗产名录，高台艺人公孙馨、公孙辉、杨丽琼三人分别荣获国家、省、市非物质文化遗产传承人称号，这项起源于中原的表演艺术开始呈现出旺盛的生命力并大放异彩。

高台，又称飘色、台阁、彩擎、迎会等，是独具特色的造型艺术。高台熔戏剧、小说、历史传奇、民间故事、雕刻、绘画、美工、装饰于一炉，成为富有戏剧性、故事性、可移动的立体舞台艺术。每台高台都以人物为造型，以故事传说为主要内容；从内容上看，高台大都是表现传统戏剧、神话传说和民间故事的人物和片段，也有对美好生活的向往和歌颂；从表演形式上看，都以沿街巡游展演的方式为主，所以高台也被称为“流动的舞台、行动的艺术”。

❶ 行动的艺术——通海高台《许仙借伞》

❷ 通海高台——《黛玉葬花》

通海七街高台起源于明末清初，明代从江南传入，兴盛于清代，至今已有六百多年的历史。通海县的高台主要分布在县城（秀山镇）、河西、四街、七街及杨广等村镇。而河西、七街是发源最早的地方。据《续修河西县志》载：“河西高台始于明初，盛于清初及末。”又载：“河西地方，先为生儿者搭一木架将其子供于门前，后又几家汇拢到庙内酬神还愿。遇世道清平，于各城门口搭灯楼庆贺，地会随之踊跃。”根据史料记载，清朝初期，当时的通海县为了发展生产并鼓励生育，凡生了男孩的人家，到小孩周岁时，主人家就用方桌将男孩摆在门前，设香案，供乡邻前来庆贺，并抬着男孩在城里游行。此时，县令还要亲自前去祝贺，并赠以“百家锁”以表示官方的盛意。随着时间的发展，生育男孩的人家多了起来，就几家人将男孩供于一张桌上抬着游行。再后来，有人就砍来弯腰树将树固定于木架上，几个男孩捆坐在树上，再由四人抬着游行，称为“土高台”。

清朝乾隆年间，七街的向宗昆、向宗豳入仕中举，经选拔后，分别出任广东省阳春县县令和福建省建阳县县令。弟兄俩出任的地方在每年的春节都有类似“土高台”的展演活动，而且装点别致并

有故事情节。弟兄俩任期满回乡，并将所任地方的这一艺术带回家乡，还对原有的“土高台”进行了改进，在人物、服装、道具等方面都有了突破性发展，逐步形成了现在的“高台”艺术。虽然高台艺术在全国各地盛行，但在西南边陲的云南省，仅有通海县保存着这一独特的民间艺术。

每次目睹高台装裱的过程，我都会被高台艺人们的精心创意和一丝不苟的精神所感动。高台艺人们事先确定主题，然后立意、构思、造型，他们选用的独特的钢材，采用土法烧制，用炉火锻打成长而弯曲的粗铁杆，然后固定在四脚大架上，根据造型的需要，在铁杆上装饰上人物、鸟兽、亭台、树石、花草以及各类陈设，装饰为三尺见方的小舞台。这些装饰根据每一高台节目内容来选择，在整个高台制作过程中，多种技术工匠齐心协力：铁、木、编扎、彩绘、刺绣、剪纸、裁缝、园艺、塑匠、樵夫和民间艺人都要请来参加制作。整台高台集服饰、化装、装饰、表演和金属工艺于一身，具有造型美、色彩美、装饰美和工艺美的特点，迎高台时，挑选精心训练过的四至五岁小孩，按个人装扮的角色梳妆打扮，抱入各自位置，栩栩如生而不露痕迹，尤以高、险、奇、秀

❶ 行动的艺术——通海高台《天仙配》

❷ 行动的艺术——通海高台《吊打王道灵》

❸ 行动的艺术——通海高台《京娘送兄》

见长，是凝固的戏剧，活动的雕塑。过去通海的习俗，春节过后正月十六迎高台，平年12台，闰年13台，每次迎高台都是人山人海，热闹非凡。

每台高台由木架、铁杆、坐叉三部分组成。木架高1~1.2米，正面高1~1.4米，侧面宽1~1.1米，用方木和小方板组成，木架的两旁上端钉四个铁制半圆形扣，做穿杠抬架之用，迎高台时木架四周用布封裹，或用竹帘纸裱彩画，现在多用彩色数码喷绘，不露出木架和铁杆的痕迹。铁杆每根重30余千克，高度在3~6米之间，根部1米左右为方形，以便插入木架后容易固定，其余为弯曲不同的圆形。坐叉形似英文字母的“F”形，高1~1.2米，上部为半圆形的横扁铁条，两端有孔可穿布带，做束稳小孩之用，中部为小孩坐处，下部鞘形中空或扁形（装高台时一部系两个小孩蹬的脚镫，可直接套入铁杆之尖端，或根据需要固定于铁杆的中部）。

制作的原料为竹木、纸（土绵）、布、麻、绸、缎和野生的树皮、藤萝、苔萝、石花等。在其铁杆上扎成山、石、树、花草、云彩、飞禽、走兽。并需要一定的道具，如兵器、桌椅、花瓶、铜香炉等。

每台高台选择的故事情节，大都以神仙、鬼怪、道释、帝王将相、才子佳人、民间故事、神话传说及中国古典四大名著为主。

每次高台展演，都配有独特的音乐和仪式。按传统，高台在

❶ 行动的艺术——通海高台《黛玉葬花》

❷ 行动的艺术——通海高台《三借芭蕉扇》

❸ 行动的艺术——通海高台《纪晓岚》

行动的艺术——通海高台《左慈戏曹》

地会行列中是开头，而高台的最前面又是吹打乐开头。吹打乐作为高台的伴奏音乐从清末民初就已经开始。那时滇剧在杞麓湖畔很活跃，因此，滇剧的吹打曲牌就被引用于每年的迎高台。主要为《将军令》《工尺》《单眼长锤》《闹山红》及滇剧排鼓。所用的武乐：大鼓（双）、大锣（双）、大钹（双）、小锣（双），有时也用小铛子锣作为点缀。文乐主要为唢呐（双）。河西地方过去有时“洞经会”也加入高台文乐行列，所用的乐器有：云锣一排、磬、小二胡、二胡、中胡、箫、笛子、唢呐等。

高台展演的队伍相当庞大，每台高台后面都有民间舞蹈队跟着。队形均是一字长蛇阵。高台用木架插铁杆固定装饰完后，出迎时由人肩抬着行进，四人为一组，轮流着换抬，一般每台都得配备四组人。抬着高台走的时候地会也跟着走，待高台歇下时地会就围场而跳，地会跳乏了，高台又走。由于高台很笨重，每台高台重约一吨，人抬着很累，现在的高台出迎巡游时都不用人抬，改用两个车轮子承担着整座高台，人推着高台行进，又轻便，行动又快捷自如。

用高险奇秀四个字来形容通海高台是最恰当不过的了，高台有很多独特的艺术表现形式：她有着完整的故事情节，每台高台都以历史故事、民间传说、神话故事片断为脚本，抓住故事中主要人物、主要环境和情节塑造在高台上；有戏曲的风姿，用小孩所饰演故事人物，其穿戴都是采用戏曲的，乍一看好像在上面演戏；有舞蹈的韵味。凡是所装扮的人物都有其独自的造型动作，高居于数米之上，看去仿佛在翩翩起舞。但由于人物形态生动，互相呼应成趣，顾盼有致，于无声处胜有声；有杂技的绝招。在高台艺术中对杂技艺术的借鉴是很突出的。如《十字坡》，就完全是杂技的绝招和戏曲融为一体；有武术的架式。高台中的一些武将斗杀也是很有风范的，其招式既有武术的风格，又不落武术套路；有美术的意境。高台出现楼台亭阁，山石树木，花草鱼虫，飞禽走兽，仿佛将人们引至仙山琼阁，给人以美的陶冶；有雕塑的形态。高台是一种高险、立体的大型雕塑艺术，虽是用活人装点，可动作却固定不变换；有工艺的技巧。一台高台从制作到出迎，工艺的比重是很大的。一棵树，一朵花，桌椅凳架和陈设什物都离不开工艺技巧。特别是在人体掩盖上更是匠心独具，恰到好处。

因为具备了这么多独特的艺术表现形式，使高台艺术达到一种迷人的境界。有人对高台有这样的评语："有景有情，有虚有实，真中有假，假中有真，真真假假使人难辨难分。""可观可赏，行家可品，里家可叹；识透者，来龙去脉层层在胸。识不透者，懵懵懂懂，糊里糊涂，三年想不通。"

高台以古老的酬神还愿过渡到为庙会服务，后又进化演变为祝贺节日庆典的大型文化艺术活动，经常在县内、市内参加大型文化艺术展演，多次参加省内重大庆典活动的演出，受到观众热烈欢迎。《续河西县志·高台》中载："远至迤东迤西，无不慕名而来……"据通海城中一些老人讲："那时（指清代）省外的人也闻风随马帮前来看高台。""有的冬腊月就动身，到这里刚好赶上看。外地人来的多，观者之众，导致住满了店铺居家，露宿于街巷。"

高台的代表节目有：《十字坡》《三娘教子》《许仙借伞》《小霸王怒斩于吉》《李太白醉写黑蛮》《吊打王道灵》《俞伯牙抚琴》《岳飞出世》《长板坡》《打渔杀家》《孙渊哭洞》《鹊桥会》《牛郎织女》《柳毅传书》《杞湖欢歌》等。

虽然在历史的长河中，通海高台只是走过了短短的几百年，但是在云南高原，她却是最为独特的艺术形式，随着一代又一代的高台艺人们默默耕耘，高台这一具有悠久传统的民间艺术焕发出更加绚丽的光彩！

十字坡
取材于《水浒全传》第二十七回"母夜叉
孟州道卖人肉，武都头十字坡遇张青"，故事
刻画了古代英雄武松力、勇、智的生动形象，
反映了正义定战胜邪，善战胜恶的理想，对现
实也有教育的意义

空中的舞蹈

数百年来，高跷艺人们脚踩高跷，舞动着巨龙、雄狮轻松自如地行走在大街小巷，仿佛空中飘过的舞蹈，让人叹为观止，赞不绝口。如今，这门古老的艺术在杞麓湖边绽放出了更加绚丽的光彩。

通海县四街镇有一个叫石板沟的小村子，这个坐落于杞麓湖边的小村庄一直以来都以一种高难度的特殊技艺吸引着四面八方的人们慕名而至，这个特殊的技艺就是高跷舞狮。

石板沟的高跷舞狮始于明盛于清，已有六百余年历史，至今不衰，久负盛名。明洪武间，石板沟奎、罗、李、沈等姓，由江南随沐国公（沐英）平云南，落籍在河西东里（今通海县四街镇）戍兵屯田，就把江南一带的舞狮技艺传入通海、河西（原为县，后并入通海县，为镇）坝子。后来学习北方的踩高跷，并把舞狮子与踩高跷结合在一起形成高跷舞狮。

清代是跳高脚狮子的鼎盛时期。道光年间宗教活动盛行，各地兴起迎神赛会活动，以祈求风调雨顺、国泰民安。河西县东乡坝六村（大营、石板沟、右所营、四街、者湾、七街）联合组织迎神赛会，正月初四至二十六日期间内，分村轮流迎神

春节民俗文化展演，高跷舞狮总是那么迷人

（石板沟为正月初九日）。是日，各村要有一台地会参与巡游，石板沟参与的就是高脚狮子。民国前期，军阀混战，匪患频繁，社会不安，民生凋敝，迎神赛会也就无人问津。民国三十四年（1945 年）抗日战争胜利，人民群众欢欣鼓舞，迎神赛会又兴旺起来。村中奎正伦老人将收藏多年的破旧狮子头拿出，仿照原样，重新制作。买来绸布缝制狮皮，老和尚的面具、衲衣等也做了更新，在六村的迎神赛会上重新露面。1946 年正月二十六日为七街送神日（六村均以该日为赛会结束日），石板沟高脚狮子在七街街心约十亩大的场地踩舞了三圈，又到村外大牲畜市场行送神礼。之后，仍踩着高跷舞着狮子回石板沟，可见舞狮者功夫之深。

新中国成立后，1951 年河西县举办“庆祝国庆”活动，

65岁的高跷舞狮传承人沈儒昌亲自表演高跷舞龙，9名舞龙人高举长达18米的巨龙，在高3米的高跷上轻松自如地舞蹈

石板沟的高脚狮子到县城参加庆祝，奎来芳、詹世荣、李成春、沈家柱、郑全恩等老艺人进行了表演。县人民政府奖给中堂一幅，题“美艺善员”以赠。1969年，通海举办“庆九大”活动，村中新一代舞狮艺人李开昌、奎正明、沈思荣、刘福德、陈自洪等人参加游行表演，亦受到本县群众和外县观众的好评。1995年，受全国少数民族运动会组委会之邀，县文化旅游局组织石板沟23人

4米多高的高跷舞狮表演

的高跷队，由李光明带队，代表通海县出席在昆明举办的“全国第五届少数民族运动会”开幕式，进行了“巨人打陀螺”表演，受到来自全国各地少数民族健儿以及国际友人的称赞。2013年，高跷舞狮入选省级非物质文化遗产保护名录。

高跷舞狮的独特之处是：一般舞狮者是在场地面上表演，而他们是在3~5米的高跷上表演；一般舞狮由壮汉引狮，而他们是“和尚驯狮”；一般舞狮用“宝”引，而他们是用拂尘驯狮，独具一格。狮子和高跷的制作也是独具匠心。

狮子头：用窑泥做成，一般在60cm至80cm，待干后第一层用土纸裱，绵纸裱多层（不少于25层）。

狮子皮：青狮的皮用一块270cm×150cm的黑布两沿打上黄色走水或是皱褶小脚边（长5cm），青狮四条，黄狮七条。黄狮（代表金狮）的制作像青狮，色调的采用是黄黑对比。

绣球：用红丝绒加贴金做成绣球形，直径为20cm。然后中穿8号铁丝，又用卡子卡住铁丝。卡子与绣球之间留0.5cm空隙，使球能转。后再将叉尾固定在一根直径3cm至4cm，长200cm的竹竿或木棍上，叉尾插入长竿的中心。最后用红绸扎一朵小彩球扎在竿子与叉接触点上即可。

高跷杆：采用椿树、赤松之类上好木料，和尚踩的400cm，狮子头踩的300cm，狮子尾踩的250cm，引绣球者踩的150cm。

石板沟高跷舞狮以“高”（3~5米）、“奇”（高跷上舞动大头狮子）、“险”（踩舞行进中危险性大，表演难度相当大）而闻名，世代相传至今。高脚狮子的表演，需由5人来进行，1人装扮引狮者，4人分别装扮雌雄狮。扮演

者先坐于屋檐上，将双脚缚在两根高 3 米余装有踏板的木杆上，以木杆延长人腿，立起时身体高度随之增加，故称之“踩高跷”。表演时，两人一组，一人戴狮头，一人披狮尾，两头狮子由四人组合，行进中做出狮子摇头摆尾、舔毛搔痒、啸天撼地等各种有趣的憨态。另一人扮引狮的大头和尚，所踩高跷略高于扮狮子者，他们头戴笑面和尚面具，身着衲衣，项挂佛珠，手执拂尘，时而跨上狮背摇动拂尘，驯服狮子，时而左右逢源，逗引狮子前行或做出引人发笑的动作。更为绝妙的是老和尚悬空翘起一支脚，以单足跳行作耍，往往博得观众的热烈喝彩。最后，以老和尚双手合十，向周围观众致谢收场。

石板沟的高跷舞狮多次参加各种大型文艺活动，每次参演都在广大观众眼里留下永不磨灭的印象。如今，村里 8 岁 ~14 岁的儿童、少年、少女纷纷加入高脚狮子艺术队学习，他们在省级非物质文化

石板沟高跷舞狮

高脚狮子及4米高的高跷

遗产传承人——教练沈儒昌的指导下，认真学习，虚心请教，决心继承掌握祖辈的独特技艺，让石板沟的高脚狮子越踩越高、越踩越奇、代代相传、永放异彩。

高跷之路，正在新老艺人脚下延伸、生辉，2014年春节民俗文化展演，沈儒昌教练率领弟子们推陈出新，在高跷舞狮的基础上打造出又一绝活——高跷舞龙，在一米多的高跷上，65岁高龄的沈儒昌亲自与6名女演员，2名男演员共9名舞龙人高举长达18米的巨龙，轻松自如地沿街巡游展演，金龙翻腾，舞姿翩跹，让数以万计的观众赞不绝口、叹为观止。古老的艺术绽放出更加璀璨的光芒。

书画之乡者湾

一个四千人的小村庄，一群满身是泥的庄稼人，数十年坚持以文化立村、文化育人、文化陶冶情操、文化发展产业，创全市第一家村办文艺刊物之首，成立全县第一个村级书画协会，被列入全省第一批非物质文化保护名录，先后成为玉溪市反邪教警示教育基地、廉政文化示范点、五好关工委创建示范村……他们用无数个“第一”“示范”，在秉承祖辈遗风的同时，续写着一段段传奇经历。

也许是对它太过于执着、太过于痴迷，也许关于它的轨迹、它的风采早就充盈在脑际，也许因曾在它的臂弯中工作、在她的温馨中恋爱，那一座春山、一泓池水、一个小村早已在心中定格，那就是者湾及者湾村后的碧山。

碧山原叫白石玉山，因山上多石，石生白花，花若白玉而得名。村中的文人将“白石玉” 三字组合起来成为“碧”字，故改名“碧山”。碧山山峰尖削险峻，当地群众又把山顶处称为“小尖山”。山下的村子原名碧山乡，后因建村初期者姓居多，整个村落呈弯弓状，又改名“者湾”至今。

从远处望去，碧山像一位慈祥的母亲，侧卧在通海四街镇的一片沃野之中，她的臂膀微微向前弯曲，将者湾零零总总的屋舍和那一池清澈见底的龙潭水揽入自己的怀里。因此，者湾是个后靠青山、面临绿水、四周有良田的富庶之地。

30年前，我被分配到者湾执教，当时正是早春二月，家家户户贴满喜气洋洋的春联，偶尔一两户人家贴着挽联。令人称奇的是，这些对联几乎没有一副是来自供销社或地摊上的复制品，全为村民有感而发自创自书，无论行草篆隶均有功力。在村中的许多墙壁上，一幅幅花鸟鱼虫的水墨丹青也全出自村民之手，和谐流畅、灵动自如，令人暗自叫绝。在这个离城较为偏远的小村庄里，蕴含着如此浓厚的文化氛围，这使我万分惊诧。之后，沿着这条幽深绵长的村中古道我常常独自漫步，欣赏一幅幅包含真情、工笔独到的书画艺术，像欣赏一件件质量上乘的工艺品。不久我就听到一个感人至深的故事，很久以来，者湾人就有互赠对联和收藏对联的习惯。村里有人家讨亲嫁娶，单客从来不收礼，收礼只收客人亲自撰书的对联。其他亲朋好友、隔壁邻居也往往撰写对联送去祝贺。而主人家对对联的重视程度超越了金钱财

物，总是装满箱箱柜柜仔细珍藏起来，一代又一代传承至今。

原来，者湾深厚的文化底蕴是有着历史渊源的，这里文人雅集、诗书互答远在清朝年间已蔚然成风，“碧山墨庄”的美誉传遍周围十里八乡。有名的清代武解元布文星、任北京直隶总督朱家宝司书的李家政、被誉为“神童”的李绍周，以及李铎、李东升等民间书画家就出生在者湾。怪不得一踏进者湾的土地，便闻到数百年历史的翰墨飘香，涌起天地悠悠之情。

碧山的南端，曾是著名的碧山禅院，这座始建于明朝万历年间的寺院依山而建，层递向上有观音阁、三清阁、关圣宫、大雄殿等建筑，香火旺盛、游人如织。只可惜如今这些宏伟的寺院已不存在，松柏茶梅等古树名花也在地震中被毁，只有观音阁幸免于难。周围的一口口古井，古井边被绳索拉磨出的道道痕印，记录着这座村庄的繁盛和文明。我曾数次在此地徜徉，寻找这群建筑金碧辉煌的过去，幻想着能与古人们把酒临风、击节高歌。

值得庆幸的是，者湾的后人们将本村悠久的历史文化如同那一箱箱珍藏的对联代代相传，并将它发扬光大。新中国成立以来，高占伟、黄成彦、杨正福等一批批书画家、文学爱好者在这块土地上成长起来，部分作品进入省级、国家级文坛。如今旅居台湾的黄成彦是台北市中国画家研究会、中国大汉书艺协会、中国国画学会、松柏书画社等会员，作品多次参加国内外及海峡两岸联展，深受好评。通海县政协原秘书长李吉进先生在 70 岁高龄那年，撰写并自费出版《厚望》一书，免费赠送有关部门和人员，书中寄托着老一辈对青少年的殷切期望。

随着当地经济的持续发展和群众生活水平日益提高，闲暇之余，不仅村民自己栽花养鸟成为时尚，村级体育竞技、歌舞表演、书画展览等文体活动也搞得风生水起。1973 年，者湾村创办《者湾文讯》期刊，首开本县乃至本地区村级办刊之先河。

2000 年，《者湾村志》出版发行。2004 年，编辑出版《者湾翰墨集》，并成立全县首家村级“碧山墨庄”书画协会。2006 年 5 月

8日，者湾村被云南省人民政府列入全省第一批非物质文化保护遗产名录，公布为“者湾书画之乡”。此后，省市县领导、国家级文化部门多次视察者湾，对者湾以文化立村、文化育人、文化陶冶情操、文化发展产业的做法给予充分肯定。

不知从何时起，小尖山成为本县“情人节”的狂欢场地，成为者湾又一道亮丽的风景。每年农历的六月初六，四面八方的青年人蜂拥而至，整座山峰被挤得水泄不通，许多商家也把玫瑰花和美味小吃运送到山顶灵峰寺前，供载歌载舞之后的人们尽情享用。

对于者湾，我只是一个匆匆的过客，但那里的鼎盛文风、淳朴乡情、善良人心时刻温暖着我、激励着我，成为我在工作之余，对文学创作锲而不舍、孜孜进取的强大支撑！离开者湾30多年，我时时在关心着这里发生的一切变化。2006年，小尖山革命烈士纪念碑落成之后，我受邀来参加“尖山战斗57周年纪念会”，趁此机会，我怀着激动的心情，再次登上久违了的碧山。

沿着弯弯曲曲的小路拾级而上，远远就可看到矗立在半山腰处纪念碑的塔标。情人节刚过，山上还残留着游人们攀

省级非物质文化遗产——者湾书画之乡

《者湾翰墨集》发行仪式

踏过的痕迹，纪念碑的周围，散落着当地村民专程到此祭奠先烈们刚熄灭的香烛纸钱。50 多年前，善良的者湾村民在这里救下 10 余条宝贵的生命，谱写了一曲撼天动地的拥军凯歌：1949 年 5 月，驻守碧山的滇桂黔边纵部队四支队三十一团与国民党残余部队在小尖山交火，发生了震惊全省的“尖山战斗”。在这场战斗中，10 位解放军战士不幸牺牲，多名战士受伤严重。者湾村民冒着生命危险，自发组织起来，悄悄掩埋了烈士遗体，又分别把伤员安置在自己家中，李增先、李应先两位著名的骨科医师冒险相救。有一位战士腮部被子弹打穿无法进食，正在哺乳的妇女挤出喂孩子的乳汁，亲自喂到战士嘴里。50 多年来，当年曾被乡亲们救治过的解放军战士多次来到者湾，感谢村民的救命之恩，并积极倡议地方政府在小尖山创建革命烈士纪念碑。此后，小尖山不仅是情人们过节的场

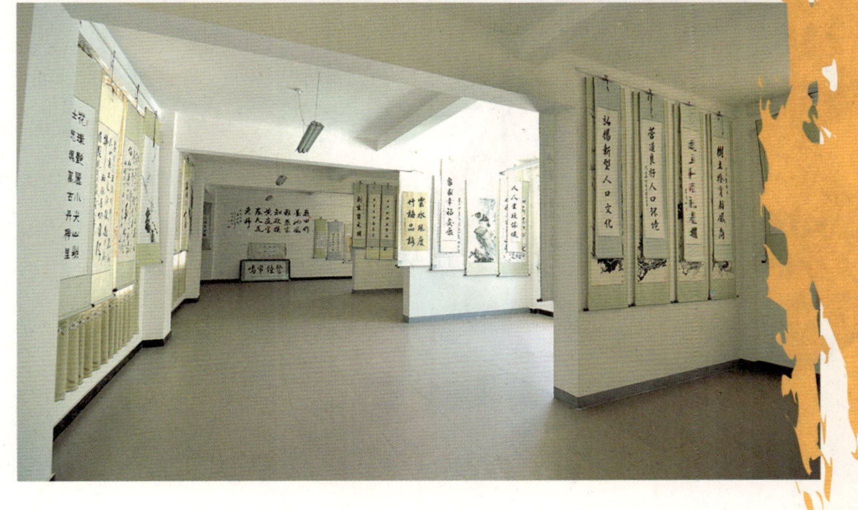

者湾农民书画展

所，还成为青少年爱国主义教育基地。两件看似毫不相干的事物发生在同一座山上，似乎有些不可思议，仔细一想，两者之间其实有着必然的因果关系。

如今，我站在纪念碑前俯瞰山下，远方，青山如黛，杞麓湖水在阳光下波光闪耀；近处，田园村阁透过霭霭薄雾彰显本色，高达13层楼的者湾骨伤科医院地标一般矗立在田畴之间。一场场春雨之后，碧山更青、潭水更绿，田野里一片金黄一片葱绿，仿佛能听到庄稼拔节长高的声音。耳边又响起原市委书记孔祥庚视察者湾时题书的“桑田作墨池，风雅众家知。欲换黄庭字，农夫是老师”诗句。我想，用这首诗来概括者湾人的风雅、气度再合适不过。至于我写者湾，权且只能说是“走读”，实际上，者湾的传奇，远远不止于此！

通海彝族的“高音C”

那一年，一群来自云南大学艺术学院音乐系的师生，他们刚从滇南通海县一个叫五山村的彝族山村采风归来，他们此行的目的是为了研究“五山腔”。在他们的关于我国民族民间音乐体系里，竟然有了一个专有术语——“滇南彝族四大声腔”。

“四大声腔”包括五山腔、山药腔、海菜腔、四腔，分别流传于滇南彝族人居住的四个区域，是四种不同的声腔和套曲形式。“四大腔”的篇幅浩博、结构严谨、曲调深沉、演唱技巧较高、难度较大。演唱形式多种多样，有独唱、对唱、重唱和一唱众和，或在同一首歌曲中包含多种演唱形式。

其中，五山腔作为一种原生态的民族民间艺术近十年来开始出现在公众、媒体的视线里，它是滇南彝族祖祖辈辈流传下来的歌唱艺术。囿于这个支系的地域、文化、习俗、文字等多种因素，同时也囿于滇南汉文化的主流地位，这种声腔艺术长期处于一种与外界隔离、不为人所知的状态。

在一个阳光灿烂的早晨，我一个人来到了通海一个叫里山乡的地方，五山腔的发祥地大黑冲、五山村就由这个乡管辖。在那里我结识了石素兰、龙成富、普家发、石桂琼等一批优秀的“五山腔”

饰，琴弦背后镶嵌着一面小镜子，它晃动着阳光，不断把闪光投到石素兰和石桂琼的脸上，这是琴师和歌手的交流方式。此时，石素兰的歌声响起，一开始便是一个高亢的拖腔，仿佛是在招呼鹧鸪和苍鹰一起倾听她的歌声，又仿佛要唤醒薄暮里沉沉睡去的群山和万物，清凉的山风也赶来应和，密林中乱噪的山雀安静下来，藏在巢中不再弄出一点声响，整个暮色中的荒原由弦音和歌声来统率。石素兰的歌声一直在往苍穹最高处爬，以鹰的垂直方式。这种演唱方式，我可以在高音C之王——帕瓦罗蒂的身上找到，还可以在京剧刘派艺术家刘鸿声、高派艺术家高庆奎、李和曾那里找到神似之处。石素兰是一个民间艺人，她的高音质朴刚劲，“天然去

艺人，并聆听了他们的天籁之音，我感觉自己正在接近这种声腔艺术汹涌澎湃的核心。

来自当地平顶山村的龙成富告诉我，五山腔一直都被公认为是四大腔中音调最高的腔调。由于音调高得出奇，无论是现在还是过去，一个寨子里能唱好五山腔的人就那么两三个，一般的嗓子根本没法唱。五山腔传承了丰厚的文化底蕴，如果不了解，就无法真正把握它的神韵。五山腔的歌词多为即兴创作，也有成套的传统唱词，大多形象朴实，生动自然。五山腔的唱词也可以用其他三种腔调来演唱，并且四大腔调的唱词基本上是通用的。龙成富为了能生动地说明这种文化现象，就以《十合小茄》为例来介绍：这个调子属于五山腔中白话、茄子、花碟三个调子中的茄子调，在这三个调子中，白话在对唱时使用，茄子在独唱时使用，有时像朗诵一样。这三个调子在四大腔中几乎都在使用。

经过一段漫长的讲解后，龙成富提议找一个幽静的地方，让他的妻子石素兰和同村的石桂琼为我展示一段茄子调《十合小茄》。

我们从村庄里走出去，沿公路走了很长一段路，来到一个山箐边，箐边上有大块碧绿的草地，草地边上长着一棵高大的山楂树。在云南，山楂树始终还洋溢着原始而浪漫的山野气质。这是一棵在荒野里生长了几百年的野山楂树，一到雨季，还会焕发出青年人一样的活力和生机，肆意地伸展树叶，萌生果实。石素兰把演唱五山腔的地点选在了山楂树下，背后是深不见底的山箐，更远处是绵绵不绝的群山。在这里不再有屋宇的阻拦和压抑，山箐中时常送来强劲清凉的风，太阳快要落山了，把草地染成嫩黄色。龙成富的弦子此时响了起来，弦音波澜不惊，却又悠扬动听，这是一种过渡，一种渲染，一种开场白。据艺人们讲，这样的调子是要唱三天三夜的，歌手一旦沉迷其中，就会忘记吃饭睡觉，风来雨来都阻挡不了。因此龙成富按惯例弹了很长一段过门，曲调中极尽抒情、刻画之能事，把一片夕阳也弹得那样多情。

“曲子老板”
——龙成富

我注意到了龙成富的那把三弦，用聂苏人特别鲜红的流苏装雕饰”，这种声音的交流对象远不止于人，她脚下的土地、高山，身边的树木、河流，头顶上长天、飞鸟无不是应和与倾听的对象，大自然中的歌唱也完全解脱了一个歌者的灵魂，这门孤寂的民间艺术也正是在这种解脱中创造了别的山歌小调无法企及的高度。

突然间石素兰的高音急转直下，声调变柔，仿佛涂抹上了一层乳白色的月光。歌声进入了一种悦耳动听的讲述阶段，这是他们讲彝话时的口吻，亲切自然，却有一种中国戏剧念白似的韵律。我隐约明白，这歌词都与“哥哥”“妹妹”的情话有关，直到龙成富开腔唱起来，才确认了情歌的属性。本来情意绵绵的情歌从他们口中唱出，格调竟能那么高仰，意境竟能如此开阔，我无法从这些情歌中想象出他们年轻时候的甜蜜爱情，更不清楚为什么人到中年还始终唱着青春的恋歌。

欢快的五山腔演唱

龙成富的声音富有磁性，吐字多用鼻音，一问一答之间，低回婉转，尽显幽默风趣。石素兰的歌唱更加柔和，显得含情脉脉。石桂琼以一种让人产生眩晕感的高音出场，歌声中有白话，有调侃，有呼唤，她的加入，让这场多声部结构的演唱变得更加复杂，唱腔不停变幻，每个人声音的高低全在龙成富的弦上把握着。我听出来了，三个人的歌声，以石素兰最高，高声部分质朴粗犷，低音部分风情万种；石桂琼的声音高中带甜，甜中带脆，柔中带刚；龙成富则纯粹用低音，略显暗哑，是经过修饰的“云遮月”唱法，起到了一种陪衬过渡的作用。

两个女人的声音成了主调，此起彼伏，任意穿梭，高低有致，两人一起放歌，歌声就飘满了山谷，歌声回落，变成哼吟，山谷里就再没有第二种声响。我感觉我爱上了这种歌唱，听者都可以用清风明月一样的东西来洗涤心灵，歌者的灵魂要有多圣洁。如果万物有灵，与神的对话，还用得着那么多的声乐专家的修饰吗？只需内心虔诚足矣。

他们的歌声在我的思绪深处停了下来，夕阳已不在，群山黛青，大山楂树摇动，滚落无数的山楂果，一地漆黑。

摸黑回到龙家，我才算真正了解了龙成富这位远近闻名的民间艺人。他有一个“舞蹈老板”的称号，最爱的是三弦琴，成就最高的却是“五山腔”，可惜这位彝家汉子，喜欢喝烈性白酒，每天都抽水烟筒，弄坏了一条好嗓子。这是他一生最伤心的事。

龙成富生长在一个五山腔世家，十三岁学弹弦子，十七岁学唱五山腔，老师是他的祖父龙如江。他的曾祖父、祖父、父亲都是聂苏人中远近闻名的歌手、“弦子老板”。旧社会，龙成富的爷爷是当地有名的地主，祖父辈不用做活，天天背着弦子走村串寨，走到哪唱到哪，他祖父到了四十岁还不懂犁田种地，但却成了一个深受当地青年男女欢迎的艺人。龙成富基本上继承了祖父优秀的弹奏、舞蹈、唱腔艺术。现在他的嗓子坏了，唱起五山腔，韵味还行，就是高音上不去。

里山彝族风俗——吃火草烟

龙成富和石素兰这对夫妻，一个“舞蹈老板”，一个“曲子师傅”，夫唱妇随，生活美满如意。像他家这种家庭已经越来越少了，当地彝族年轻一代对待五山腔的态度，就像考古工作者鉴赏一件文物古董。尽管彝人世世代代把传统歌唱舞蹈当作一种交际手段，同吃饭、睡觉一样重要，年轻人还是有他们的选择，现代的流行歌舞成了替代品，传统的东西在现代生活里越来越被年轻人认为“土”“落后”。也有学者认为五山腔的高腔长而高，高音重而厚，高音与低音频繁反复切换……正是这些高难度的演唱技巧把五山腔逼向了生存的绝境，让年轻一代望而止步。年轻人如果继续保持着“拒绝”的姿态，那么五山腔的失传就是命中注定的事了。

“绝唱”常常用来描述某些艺术品的价值，同时也常常用来委婉地解释某些艺术的生存境遇。以五山腔为代表的彝族四大腔也有着同样的遭遇，“绝唱”要表达的正是听者怅然如失，无可奈何的感受。

听完石素兰等民间歌手演唱的五山腔，我走在曲江两岸，心中会有一种莫名的畅快感，这也许正是纯正的民歌艺术与山歌小曲、流行歌曲的区别。那种来自精神世界深处的呼喊，我只有在这些彝人的歌唱中才能寻找到，只有在滇南高原上的河谷两岸，而不是悉尼歌剧院，也不是维也纳金色大厅、中国国家大剧院，这些民间艺人以高音去触摸天与地构造的广漠空间，脱离了肉体，那种高度肉身无法企及。也许有一天，滇南彝族四大腔在现代生活中会失传或因过度包装而变味，我已经做好了这样的准备。至少我已经亲耳聆听过民间艺人和普通歌者的绝唱，那是一种怎样古老精致的艺术，人世间除了滇南的彝族再没有高明的艺术家能够复制了。

秀甲南滇

有山的地方就会有水，因为山水相连是大自然的一个基本法则。这个法则既把通海塑造成了一座“山城”，又让它幻化成了一座名副其实的“水城”。这一事实让通海理所当然地成了一座真正意义上的“秀甲南滇”之城，使通海大地变得钟灵毓秀、生气盎然。她犹如一件迷人的艺术品，暗自契合了人类生存发展的基本原则，自然生长在杞麓湖畔，在物质、精神、文化等方面，都有自身的光彩和魅力，更蕴含着一种夺人心魄的山水哲学。

朱德与通海

通海的秀山、杞麓湖、兰花、民居、文物、百货……一切都与朱德的“青春”“激情”“记忆”，粘糅在一起，作为一种纯粹的自然与人文的光华，一直弥散在他的记忆里。

在德国哥廷根留学时的朱德（1923 年）

1962 年 5 月底，在全国人民刚刚度过了三年“困难时期”之后，已 76 岁的朱德委员长带着一个秘书、一个侍卫长和一个警卫员，轻车简从地来到了昆明。他计划用比较充裕的时间来一次故地重游，即从昆明出发，往南行走，重访他当年驻防过的蒙自、建水、个旧、通海等地。

朱德于 1962 年 6 月 7 日抵达玉溪县，在那里访问并住了一夜之后，于第二天早晨 8 点多钟来到了通海杞麓湖畔。朱德欣赏了一会儿湖畔风光，开始对他脚下的这座“拦湖大桥”产生了兴趣。这是当时的一项水利工程，即从湖的中部修筑一条两千米长的拦湖大坝，把湖一分为二，上半部变成了万顷良田，下半部依然碧波荡漾。当然，治湖治水可不是简单的事情，是关乎民生的大事，是从滔滔洪水中拯救民众，创造良田的历史壮举。在这项浩大的治湖工程中涉及要在沼泽上建一座大桥的问题，通海人民硬是凭着自己的

朱德（前排左三）与云南陆军讲武堂护国将军们合影

精神勇气、学识和力量，依靠本县的土专家，成功建造了这座连接杞麓湖南北的公路大桥。朱德一看就明白在湖中建造这样一座石桥是有难度的，他向通海县委副书记李开疆询问：“你们建桥时是怎样解决桥墩的沉降问题的？”

李开疆回答：“我们县有一个名叫奎正义的乡土专家，他在开远县的一个水坝下发现了一个秘密，古人在300年前建坝时埋下的用杉木制作的倒滤体至今竟然没腐朽，受此启示，他在建造这座大桥时，把一棵棵7米以上的杉木，按照梅花的六瓣形状，横桩与竖桩结合起来，层层打入沼泽之中，再用钢筋混凝土把它们浇灌成一个整体，之后就可用石块在上面砌桥墩了。”

朱德好像还不太明白，李开疆又手脚并用地比画着讲了一遍，朱德才逐渐明白了其中的原理。在朱德看来，这其实是一项较为复杂的发明创造，是用杉木做成“木筏”，在深深的泥滩中托住桥墩，这听起来好像是一个轻松浪漫的梦，但通海人却能梦想成真，创造了一个奇迹。朱德高兴地说："群众是真正的英雄，我们现在搞社会主义建设，就是要依靠群众的智慧和力量，才能战胜困难，取得成功。"

中午吃饭时，朱德依然坚持不要陪客，他只要了一碗白菜汤、几片烧猪肉和一块卤腐，就吃得津津有味，非常满意。

下午，朱德又对通海的民族银饰制品、五金产品、豆末糖、老拨云堂眼膏等厂商进行一次饶有兴致的探秘。这一次对他来说是记忆的复苏，因为对这些东西的印象已在多年前就深深映在脑海中了。现在，他把这些常常被地方政府忽略的产品和厂商，放在当时全国正在对国民经济进行"调整、巩固、充实、提高"的背景下，实事求是地进行分析，他说："中央已经决定，从 1961 年起，在两三年内，对各个部门之间已经变化了的相互关系进行调整，巩固生产力和生产关系在发展和变革中获得的丰硕成果，充实新发展起来的一些事业的内容，提高那些需要进一步改善的新事物的质量。就通海来说，要极其重视手工业的发展。通海手工业有悠久的历

史，能工巧匠很多，产品畅销逦南及全省各地，要发挥这里名特产品的优势，继续占领市场。这些手工业产品不仅农业生产需要，人民生活需要，过去需要，现在需要，将来需要。即使我们的社会主义祖国已建成现代化的强国，大工业生产仍然替代不了手工业的生产，人民生活的许多必需品仍然要靠手工业生产，所以我们要树立对手工业长期发展的思想，不仅社会主义时期需要发展，就是将来进入了共产主义社会手工业仍需继续发展。”

朱德的这番话，无疑给正在困境中摸索的通海人民指出了明确的方向，注入了信心。当天聆听过朱德讲话的通海领导人，都把这些话当作经典名言记在笔记本上，让这种声音像音乐一样长久地滋养着通海大地。

在结束了对通海手工业的探秘之后，按照原先的安排，朱德一行就要离开通海，开赴建水。但这时却传来一个消息：在通往建水的途中，一个名叫马脖子的地方，由于前几天雨水的原故，公路发生了坍塌。为了确保朱总司令安全到达建水，附近的村民和曲江糖厂的干部职工共两百多人正在抢修，估计要到下午五六点才能完成任务。

朱德一看手表，还有两个多小时。他主动要求到秀山古城里参观福星街的一幢老房子（原秀山镇党委、政府所在地），那是一幢保留着明代建筑风格的大宅院，是一户典型的书香门第，里面不仅是人栖身的场所，更是与人的思想、历史、习俗、绘画、雕刻有关的一个妙不可言的完美世界。多年前，他曾来过这里，对这幢老屋记忆尤深。现在，朱德再次“周游”这座四合院，犹如走进了一种真实的历史里。这历史不是博物馆的历史，而是活在老百姓生活中的历史。朱德感到这种活在历史中的生活，多精致、多文雅、多有韵味、多令人向往。他甚至想象，如果在深夜来到这里，将比白天的感受更丰富、更具体、更深刻。他再三强调自己的这

少年时代的朱德

种感受太深刻了，一定要保护好这种建筑。他还说：“北京故宫留住了，皇帝怎么生活我们知道了。但几十年之后，老百姓怎么生活我们却不知道了。毕竟还是老百姓多呀，如果我们对于人口中的大多数是怎样居住的问题，回答不了，那我们的历史就是不真实的，就会为自己的文明留下了令人心痛的缺憾。”

接着，朱德又到秀山之麓的“万寿宫”里，欣赏了通海剑兰和各种花桩盆景。临走时，文化馆里的花工阚华堂挑选了一盆健壮清新的通海剑兰赠送给他，他嘱咐通海的领导一定要在“万寿宫”和秀山上多种一些兰草。之后朱德又到图书馆里仔细欣赏了郑板桥、朱家宝的手卷和通海历代名家书画，他看得很入迷，一站就是一个多小时。他似乎游兴正酣，两次提出要登秀山的愿望，但因天色已晚，被身边的工作人员以山高路险为由阻止了。而且就在这个时候，公路修通的消息已传来，朱德只能服从安排，坐上小轿车，迅速驶向建水。

这天晚上，朱德面对近在咫尺的秀山而没能攀登，感到十分惋惜。本来在这次“故地重游”的计划中，他内心最期待的是登上秀山，哪怕因为时间短促而只能半途而归，他也心满意足了。但现在他却与秀山擦肩而过，成了一次名副其实的“神游”。此时，他半

朱德《夏日访通海》诗碑（赵朴初书写）

躺在车中，思绪却飘到了秀山的各个角落，他对秀山的记忆与想象完全融汇在一起了。

朱德一定回忆起1913年至1915年在滇南驻防的日日夜夜，那是在他参加昆明重九起义和护国战争之后，受命率部来临安府剿灭土匪，巩固边疆。由于剿匪有功，他于1915年初升任团副长（即副团长）。那时，他也意识到那一年将是滇南剿匪最紧张、最艰难的一年。在那一年伊始，通海在偶然之间成了他完成剿匪使命的“中转站”或“大后方”。

那年农历正月十六日，朱德应通海、河西六位云南陆军讲武堂时代的老同学邀请，来到了通海县。他登上了城南的秀山，沿着幽静的小径，移步在秀山的路上、桥上、树林中、石板上、寺院里，阅读着它斑斓的历史和精彩的故事，就像是在杨慎、徐霞客、阚祯兆等关于秀山的诗词、楹联、书法艺术里梦游，感觉犹如在喉咙里流过艺术汁液之后全身心的甜美和舒畅。下山后，朱德又走进福星街的一座四合院，那是一座巨大的老房子，四进四层，五个天井，随处可见漂亮的花砖、木雕格扇门、木匾、诗画、楹联……他就像走进了历史里，历史的质感和文学的美感从老房子各个角落源源不断地显露出来，像梦境一般地叠落在他的记忆里。

朱德深深爱上了这个地方，他干脆把他的部队调到这里集训，并在这里征集和储备了充足的粮草。那时，朱德非常渴望找到一个安静的地方，思考一下国家形势，总结一下剿匪经验。现在，终于毫不费力地找到了，多日积压胸中的郁闷因此一扫而光。由此，朱德有近半年的时间生活在通海，他先住在城西的“周家花园”里，后移住在秀山上的“海云楼”。

在秀山散步时，朱德随时携带着《孙子兵法》，一边走，一边思索，甚至随便坐在一个亭子里，就阅读老半天。他结合以往学过的军事理论和《孙子兵法》里的一些经典名句，暗自琢磨一年多来剿匪工作中的经验和教训。他思考的中心问题是，在战斗中取胜的关键是“知己知彼，百战不殆”，这已是千古不变的真理。具体结合滇南剿匪来说，他想：“现在我们面对的是土匪，不是正规部队，情况变了，我们也应变化才对。我们应当了解土匪的变化，抓住土匪的变化，给他们以沉重的打击。一年多来，我们见识了土匪那些无穷无尽的花招、诡计和挑衅，也看到了他们打家劫舍、杀人放火、祸害百姓之后潜入莽莽山林，官兵几次出击，都扑了空，显得无可奈何。事实上，滇南的地形和政治环境都异常错综复杂，敌情也千变万化，所以我们应学会如何在这种条件下带兵打仗的方法和原则。”

秀山是一个非常适合思考问题的地方，朱德每次沿着弯弯曲曲的小径行走，都好像在追寻什么？抬起头来，看到的是树枝树叶之间偶然露出的天空，澄明、深邃、博大，让他有一种神清气爽、豁然开朗的感觉。低头看脚下的路，可谓曲径通幽，呈现出绵延不绝的曲线，带着他的思绪走向远方。每当这个时候，朱德常常回想着一年来每次剿匪战斗中的前因后果和每一个细节，他反复思考，反复与《孙子兵法》和《曾胡兵法》里的观点呼应、对照、沟通和追问，结果是一些他渴求的答案一一来到他面前，似乎已在此等候了他多时。

青年时代的朱德（1924 年）

这些答案就是对付土匪的“绝招”，是一套与众不同的流动游击战争理论，其“秘诀”就是“秘密，迅速，化整为零，声东击西，忽南忽北，打得赢就打，打不赢就走”等 26 字真经。这样的“理论”“逻辑”和“战术”，呈现出令人惊讶的通俗性和新颖性，是朱德在滇南大地上的一种发明，是过去军事教材中没有出现过的新生事物和新鲜理论。

朱德还非常强调部队必须严守纪律，无论何时何地都不得侵犯群众利益。他曾带领一个营的士兵多次在秀山上进行各种训练，但他的士兵没损害山上的一棵树，他的战马也没糟蹋山中的一株草。这一点让通海的老百姓赞不绝口。

朱德（1916 年夏）

当然，朱德在研究和总结他的剿匪经验和加紧对他的士兵们进行训练的同时，这个血气方刚的青年军官也把他的一百八十多个充满沉思的傍晚和弥漫幻想的早晨，献给了美丽秀山，与这座滇南灵山的一切发生了非同一般的关系。这种关系如同“呼吸”一般——秀山用它美不胜收的风景吸纳了一个伟大的灵魂，朱德用他天才般的心智吸收着这里的空气、水分、红光、绿意、声音、文风，进而又赋予这些事物以新的深度、幻想和力量。

在秀山上，朱德不只一次惊叹于这蛮荒之地的红土高原，竟还有这么一座文化“高山”，他不断在这里“攀登”，一步步走近山上刘墉、王文治、钱南园、何绍基、赵藩、周於礼等人的楹联、碑文、匾额等书法作品，一次次停步在古树、名木、名花和名草面前。朱德还常常在夜深人静时，一个人

元代建筑清凉台

从清凉台踱步到涌金寺里，看那里的宋朝古柏和元朝香杉。他看到那棵宋朝古柏高二十余米，盘根错节，苍翠弥天，在夜色中仍保持着婆娑的迷人姿态。至于另一棵高达四十余米的元朝香杉，那粗壮雄浑的树干和庞大蓊郁的树冠，在夜间更能营造出一种阴翳、玄秘的气氛。朱德在这些古树之间停停、走走，有时兴致高涨，就会点燃一支蜡烛，拿出记事本，抄写秀山上的诗碑和楹联，每抄一句，朗诵一句，都会让他感到一股湿润和撼动，如饮甘露，如浴春风，似乎迷醉在时间、生命、现实与想象的“王国”里，不想抬头，不想睡眠。朱德特别赞赏这里的土著名兰——“通海剑兰”。他曾详细了解了这种花卉的历史和习性，并在自己的住所“海云楼”上栽种了一盆，虽然他知道自己等不到夏季开花就要离开通海，但他从它“叶似长剑”和“俊直挺拔”的外形，已领略了这种兰卉的无畏精神和高洁气质。从此，朱德越来越喜欢读诗写诗，喜欢栽花养草，越来越显示出他“儒将”特有的气质和风范。

在奔赴建水的路上，朱德一定想起了秀山的一草一木、一联一匾、一字一画、一庭一院；想到了他当年躺在石凳上那个午后特有的沉思和慵倦；想到了一副古联在一瞬间给他的点燃和震颤；想到了“通海剑兰”的叶片和幽香；想到了在通海这块土地上的老同学——云南陆军讲武堂时代的六个同窗好友的现实和命运。可以说，朱德用他心里的光芒照耀着记忆中的秀山、通海、老同学，似乎某些已被遗忘的场景和细节，又出现了，某些已告别人世的老朋友又恢复了生命。他不断回忆着往事，并在心灵的屏幕上不断放映着通海的美好形象，他再也压抑不住内心的激情，一首关于访通海的五言古体诗自然地流了出来。

夏日访通海，通海一长湖。
四围青山绕，流水洞中输。
秀山雄城后，林茂似玉壶。
此地文物盛，花桩百样殊。
幽人养兰芷，留有数千株。
手工艺术巧，百货畅无虞。

在建水，朱德把这首诞生于通海至建水途中的诗歌，以《访通海县》为题，悄悄记录在他的笔记本上。这几句诗，创造并显示了秀山在他内心世界的“卓越”形象。他深情地回忆通海，回忆秀山，他对通海的各种事物，对秀山的各个角落，多么熟悉啊！他生动地描摹通海的山水、草木、文物、百货……这一切多像一条条生命的根，植入了他记忆的最深处，让他时时生长出一种坦率的“青年状态”和纯真的“心灵世界”。这是神圣的、人生不可缺少的两种状态，是生命的“花园”。从这样的“花园”里，诞生了他的诗歌，诞生了他“诗意的革命步伐”和“儒雅明洁的气质”。

诗与绿的交融——秀山

秀山是云南四大名山中最小最秀丽的那一座。“冠冕南州”“尼郎胜景”“秀甲南滇”是秀山红底金字的名片。“古刹参错，柏木阴翳”，“其翠欲滴，其秀可餐”，是秀山形象生动的写实。

俯仰之间尽诗情。

在“其翠欲滴”的通幽曲径上随意漫步，你自然就会想起王维的名句：“山路元无雨，空翠湿人衣。”自然就会理解那些几乎是从秀山林木中捡拾的诗句：“竹气拂云冷，林烟倒海虚”（王文治）；“千树万树绿如云”（阚祯兆）；“秀峰高阁倚城阿，翠竹苍松挂薜萝”（张赞）；“秀色山光味可餐，秀中诗意有玄关”（杨千成）；“悠悠天地畅高怀，四面青山入座来”（王亚平）。而如我等稍识文断字者捧一杯清茶往庭院一坐，也能吟出“小憩云飞云起处，芭蕉影重秋阳青”。

诗情藏于翠色。

走进秀山，你便可呼吸到清新滋润的绿，树荫里低垂着的是绿，柔枝上轻漾着的是绿，清风里浮动着的是绿，石缝中涌动着的也是绿，林木的清香撩拨着你，你的心中会泛起阵阵绿意，仿佛你原本就是一枝在和煦的晨风中轻舞着的绿。

从色彩的层面说，秀山没有季节。四季开放的花使秀山的季节恒定于春，永不凋谢的绿使秀山的底色恒定于翠，其间也有花开花落，叶绿叶红，有生与死，荣与枯，但季节止于春，色彩止于翠的秀山在相对静止的层面上就是阳春背景中一块色泽鲜明的翡翠。

“千树万树绿如云”，千树万树，就是秀山之绿的源泉。走进秀山，你就走进了一个神奇的植物王国：山北翠竹如屏，山南松涛翻涌，山东棠梨如雪，山西灌木欲滴，两百多种植物至今还保留着原始群落状态，三百年的巴豆藤郁郁苍苍，一千年的清香树生机盎然，还有被称为秀山“三绝”的宋柏、元杉、明玉兰。亭台楼阁掩映其间，芭蕉摇曳，古树森森，藤萝缠绕，凝然聚秀。

悬于秀山古柏阁的“千峰翠”（中华名匾），便是阚祯兆因翠色而灵动的诗魂吧？

诗情藏于暗香。

清冽绝俗的梅香在林间暗暗浮动的时候，你不由就放慢

秀山公园坊

了脚步，唯恐走重了一步，那香气就会消失。暗香浮动，整个秀山充满了这种冬的气息，超凡脱俗，冰姿玉骨，遗世独立。

梅香渐渐远去时，素馨花带着迷人的微笑随暖风而来，那让人迷醉的香气是春天最纯粹的香气，它艳而雅，清而丽，如春心浮动，似春潮奔涌；它蕴含着春天特有的娇艳和华美，诠释人间的繁华，生活的甘醇，爱情的唯美。

素馨花香在渐细渐密的雨幕中淡出时，缅桂的幽香浮动在林间。缅桂树青而翠的枝叶间零星地点缀着白玉般的小花，那清丽的

❶ 诗情藏于花 事——秀山山茶

❷ 百年清香树

❸ 晨雾缭绕的秀山古树

❹ 远眺秀山绿树成荫

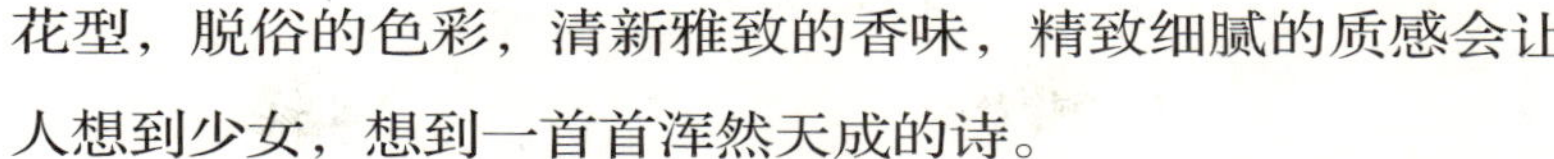

花型，脱俗的色彩，清新雅致的香味，精致细腻的质感会让人想到少女，想到一首首浑然天成的诗。

雨幕落下，秋意渐起，细细甜甜的软香开始布散秋的甘醇，新秋时节，整个秀山都沉浸在这种带甜味的软香中，它昭示着收获，昭示着幸福，昭示着生命的甜美与丰润，人世的欢乐与喜悦。

从嗅觉的层面说，秀山就是轻漾的绿波中四季变换的香味。但秀山之香不单单是花香，每一棵老树，每一片落叶，每一寸土地，甚至朽木，都在太阳和雨露的发酵中散发着迷人的香气，这一切都来源于生生不息的生命。当你踏着长满青苔的石级，抚摩那千年老树时，你也会从蓬勃的枝叶间，闻到生命的馨香。

“秀山轻雨青山秀，香柏鼓风古柏香”的联语，便是张维权因暗香而触发的灵感吧？

诗情藏于花事。

花在通海人的生命中是不能缺少的意境。秀山还鹤楼有联曰：“不寒不暖有花处，半醉半醒无事人。”不寒不暖，已妙不可言，还有花呢，何等惬意的所在！半醉半醒，已美妙绝伦，还有闲适呢，何等超然的境界！

秀山四季花开。不必说孟春的海棠、樱花、桃花，仲春的牡丹、芍药、素馨花，也不必说初夏的石榴、月季、玫瑰，仲夏的蔷薇、缅桂。每年 10 月前后，涌金寺的庭院在团团簇簇菊花中现出“姹紫嫣红开遍”的诗意时，你根本无法想象秋天的萧瑟是一种什么样的情景。即便在菊花凋谢的间隙，这座滇中大刹的庭院也不冷寂，那棵苍黑遒劲的柿子树会以累累的红果叠加成花的造型，在蓝得透明的天空下，仰望那一树自然生长的红果，观赏几十只鸟的午餐，你才会明白通海人为什么把柿子叫作柿花。

柿花的登场并不意味着这座山上暂时没有了花，在不远

❶❷❸秀山新景

❹❺❻诗情藏于匾联

处的白龙寺，最先开放的华东茶已经在凋谢了，华东茶是秀山茶花季的序幕，从 10 月中旬开始，深红、粉红、纯白三个色调的华东茶就开始慢慢地绽放，在悠长缓慢的绽放中，在树影秋阳的和煦里，白龙寺的庭院勃发着春天特有的气息。

在茶花年轻灵动的笑影中，你还没有秋天的概念呢，日历上忽然立冬了。立冬后，茶花家族中的玛瑙茶按耐不住了，在某个清朗明媚的早晨，鼓着硕大花苞的玛瑙茶忽然绽开了牡丹般雍容华贵的笑容，而这个时候，松子鳞的小小骨朵还在青涩的等待中眺望春天呢。

小城的冬天，也就是早晚要穿毛衣的概念，白天气温 15~21 摄氏度的日子居多，在冬日的暖阳中看玛瑙茶如牡丹般盛放，你怎么还记得这是冬天呢？秀山的茶花季如茶花绽放的声音那么悠长，大约从 10 月份到次年的 3 月份，各种品类的山茶花依次绽放，此起彼伏，那绿叶红朵的鲜明形象，彻底抹掉了秀山的冬季。而本身就带着十分春意的杜鹃、玉兰也会在茶花年轻的笑影中盛装登场，直把秀山的冬天变成花潮涌动的春。

在花色营造出的浓浓春意中，那些一边落叶一边孕育花蕾的海棠树、樱花树、桃树正对着在花潮中纷飞的黄叶红叶脉脉含情，真正意义上的春天将在如潮的花海中舞蹈。

如果你在某个清新的早晨走进普光寺，你立刻就知道什么是“桃红又是一年春”，十几棵桃树一起绽放，骤然照亮古老的庭院。漫步在落英缤纷的石径上，天空是粉红色的，庭院是粉红色的，甚至连你的呼吸也是粉红色的。一阵风过，扬起一阵花瓣雨，精致的花瓣划着优美的曲线飘落下来，落在苔色深深的石径上。

玉皇阁的花桩又是另一番光景，那些上百年的梅桩桃桩给古老的庭院带来了最亮丽最火红的日子。在花桩灿烂的盛放中，你会看见荣与枯一线相通，生与死一脉相连，你会明白，只要树根活着，生命就是一道风景。

白龙寺无疑是最适合种茶花的地方。在松林深处的山坳里，一年四季碧阴阴的，庭院深深绿映红，静谧、安宁、祥和，这种环境注定要生养出大家闺秀的典雅与高贵，白龙寺的茶花，就是这种美的化身。每到春天，白龙寺幽深的庭院

陡然热闹起来，那碗口大的茶花立在高挑的枝头盈盈含笑，笑出一院的姹紫嫣红，深红浅红。

“山茶竞开如火燃，山城淑气销寒烟”便是杨慎因花事而勃发的诗情吧？

诗情藏于匾联。

秀山现存的匾联中，三分之二以上含着清雅的诗趣，诸如对联里“不寒不暖有花处，半醉半醒无事人”的惬意；“秀山轻雨青山秀，香柏鼓风古柏香”的美妙；“百道湖光千树雨，万山明月一声钟”的悠远；“静者心多妙，飘然思不群”的闲适；“白日寒泉丝管静，青霄野竹寺门低”的幽雅；“醉眠石阁听风树，步入松云扫硐花”的隐逸……匾额里的“朝来气爽”“海天春晓”“双碧流虹”“水天一色”“春醉蓬莱”“山水文章”“江城如画”“湖山烟雨”“千峰翠”……建筑名里的“挹秀亭”“凤仪亭”“听松亭”“酌花楼”“昙花轩”“紫薇廊”……

匾联中的诗趣源于百年瞬息的哲学顿悟，清凉台有联云：“万古此崔嵬杜当阳沉碑汉水殊嫌多事，百年直瞬息林处士放鹤孤山颇觉可人。”作者赵城，通海人，清康熙乙未（1715年）进士，一生不慕荣利，清正廉洁，此联用典，表达仰慕陶渊明、林和靖之清高，鄙视杜当阳热衷名利的庸俗。

悬于清凉台的秀山第一长联记载着通海已逝的山水诗意。

> 通海可通，凿江川、导晋宁，达滇省，兼与各处通。重岩峻岭中，商货往来，帆樯上下，洵快事哉。奢愿要须偿，吾将借祖龙鞭，施巨灵臂秀山本秀，建古刹，筑凉台，辟公园，独有全城秀。曲槛回栏外，水天一色，烟火万家，真画境也。会心原不远，君试读岳阳记，披豳风图

悬于涌金寺的秀山诗书第一珍品《秀山古柏行》诗匾凝聚着这块土地上原汁原味的诗情。

九年不见秀山柏，满地风烟天欲坼。苍岩老干独森森，倒影玄湖柯烂石。鲸鲵横纵已伏藏，雷霆搏击空渺茫。排高挟厚气力足，车盖童童覆大荒。半身百寻流玉露，旁枝万子护空王。文根只许宿鸾凤，晚节谁同破冰霜

丞相祠前悲杜甫，汉家草木风云古。天宝兵戈又千年，寂寞黄鹂锦江雨。惟有秀山青不了，撑霄拂汉昏长晓。潭水萝薜树光寒，风磴幽香山月小。忽闻空翠作龙吟，娇若长虬不可侵。苦心澹颜存孤直，悠悠万古白云深

❶ 秀山翠竹

❷ 秀山古树

❸ 春之舞

❹ 秀山花趣

通海一中原老校长杨千成五十年来与秀山耳鬓厮磨，以一长联贯穿通海自然历史，山水文化。

相看两不厌，眼波荡出山水情，喜流连：通幽曲径、鼓风香柏、海门夕照、螺蜂白云。人皆云“秀甲南滇”，诚佳语也

独立自萧瑟，心潮浮起古今意，欣回首：驻军孔明、挥毫升庵、畔富神僧、忠魂碧血。古所谓“风流天下”，岂妄言哉

❶ 名木古树滇楠木

❷ 秀山古树

❸ 秀山翠竹

❹ 秀山古树

❺ 秀山三绝之一——明玉兰

逋翁亭名匾最是简洁透彻：到此飘然欲飞去。

此是何地？秀山。

此有何奇？绿为山之灵，诗为山之魂。千树万树，绿海香涛。名木古树，凝然聚秀。匾山联海，诗魂万古。

爱与美在翠色中引领，诗与绿在恬淡中交融，徐行斯山，何可无此逸兴：到此飘然欲飞去！

杞麓湖的“断代史”

杞麓湖，云南高原九大湖泊之一。它像一轮弯弯的明月，显露出最明朗、最纯净、最幽深的碧蓝。远处，是古城、山水与天空的完美结合，秀山和古城都仿佛是在它的怀抱中生长起来的；近处，芦苇、茭草、蒲草掩映着一条条破旧的小木船，使杞麓湖的神情显得有几分隐秘。

多年以前，杞麓湖的湿地上，白鹭、灰鹭、池鹭出现了，没有任何力量去侵扰它们，它们正在深绿色的水草丛里劳作。它们的身上微微散发着片片罕见的白光，喙像一把奇异的调羹，眼睛上方有一排弯曲的羽毛，简直就像人的睫毛。它们并不贪食，当肚子填补得差不多时，就拖起长长的黑腿腾空而起，飞过一层一层的芦苇，在绿色的雾霭中跳动。长脚老鹳站在浅水里，俨然传说中的王子，孤独、傲慢、凛然不可侵犯的样子。头上有金色的羽毛，尾巴和腹部都泛着蓝光，翅膀很大，张开的时候像两把黑色的扇子。其他水禽也出现了，如绿头鸭、白腹秧鸡、大彩鹬、水鸽子……它们在人们的眼前翻飞、鸣啭、咕噪、啼叫，它们的姿态、声音似乎混合着各种色彩，晨晖、薄暮、风中、雨里、黑夜。

湖畔的男人们，每一年的大多数时间，都与湖联系在一起。他们用水车把湖里的水扯起来，灌溉自己的庄稼；他们把湖里的水韭菜、蓑衣草、飘飘叶、海菜等水草打捞上来，滋养自己的土地；他们心安理得地接受湖神赐给的杞麓鲤、云南鲤、龙眼鱼、乌鱼、鲶鱼、大头鱼……他们还知道，这里的湖水很养人，所以很少有人离开这里。他们过着与湖相依为命的生活，几乎一天也离不开如此美丽、善良和慷慨的杞麓湖。湖给了他们强壮的身体、喷香的粮食、美味的菜肴、清纯的空气。那时，他们也很满足，因为他们所需要的一切都从湖里获得了。

多年以后，湖畔的人们却要改写杞麓湖的“历史”。从20世纪60年代起，人们开始实施一项“伟大的工程”——放干杞麓湖，增产万担谷。人们幻想，把无边无际的湖水放干后，湖面就能变成万顷良田。杞麓湖不就是一个无比巨大的粮仓？一番“人湖大战”之后，湖泊西部出现了大片沼泽地，湖中的杞麓鲤、云南鲤、龙眼鱼、乌鳢、鲶鱼、翘嘴鲤、肉花头、大头鱼等“土著鱼类”成了牺牲品，水鸽子、土鸳鸯、黄鸭、老鹳难觅踪影，茭草、蒲草、芦苇、灯笼草、花格草成片消失。杞麓湖从此变化莫测，混沌、苍白、暮气沉沉，水质不断下降，显而易见的是它衰老了，失去了原来的

精神气质。幸运的是，当地政府和人民醒悟了，开始像保护自己的母亲一样保护杞麓湖。凡是不利于杞麓湖生存的生产和生活方式尽力摈弃，并在湖畔立起了三块“拯湖碑”。这才慢慢恢复了这种蓝色的湖体。

美好的21世纪已走过了14年光景，在这个时候，蓝色的杞麓湖、复活的杞麓湖，能否让我们的思想和灵魂回归？能否让我们保留一种明朗、和谐、愉快的心情？

每天早晨，秀山、古城、杞麓湖从睡梦中醒来，一切如初，温暖、澄明、繁忙，欣欣向荣。是啊，在现代文明以最快的速度把我们的世界和精神已经打磨得平平滑滑的今天，通海人还能在这座山水和谐、文化灿烂的古城里，像水里的鱼儿一样活着，像阳光中的树木一样生长着。现在，他们正在用另一种更虔诚、更坚定的姿态、声音和行动，以杞麓湖为依托，打通连接秀山、古城、杞麓湖的城市道路，并在杞麓湖南岸种植荷花、芦苇等观赏性植物，修建十里长堤湿地公园，让它们与通海古城、秀山风景区连为一体。同时，中共通海县委、县人大、县政府、县政协、县纪委等五大机关已陆续退出通海古城核心保护区，把以往被这些机关单位所“占领”的黄金地段归还通海古城，并按“修旧如旧”的原则，对120座明清两代遗留下来的民居宅院进行修复，以丰富通海历史文化名城的内涵。新的、更高的目标已出现在当代通海人面前，他们要在近年内把秀山建设成为国家AAAAA级风景区，把通海建设成为全国历史文化名城，用自己的智慧、勇气和汗水撰写一部更加迷人的关于山、城、湖的“断代史”，这不是梦。

杞麓湖海鸥

杞麓湖晚霞

匾山联海——秀山《寄亭诗碑》赏析

海拔 2100 米，垂直高度 200 余米，方圆约 2 千米——一座小山，凝然聚秀，小巧玲珑。儒之担当，道之逍遥，佛之悲悯，三教精髓在林木清香中流淌。翰墨之香，诗情之美，哲学之悟——2000 余年的历史文化在匾山联海中绽放。

寄亭为朱阳所建，据说朱阳建此亭用的是自己的私俸，此说虽无确凿证据，但朱阳建亭的初衷却是可以确定的，他就是想把寄亭作为自己的读书养性之所，而“寄亭”之名的原创据说是王文治。这大约是从王文治留下的诗碑推断而来，因为王诗的起句就是“省识身如寄，空亭聊可居”。不过，无论是亭因诗得名还是诗因亭而生，这块在当时就已闻名遐迩的诗碑无疑是秀山上最有分量的艺术作品了。

王文治诗碑的全文如下：

省识身如寄，空亭聊可居。
官衙原传舍，天地本蘧庐。
竹气拂云冷，林烟倒海虚。
未须投绂去，已自狎樵渔。

桐野老前辈构寄亭于秀山之麓，公暇辄吟啸其间，欧之丰乐，苏之喜雨，勿谓古今人不相及也，率成一律，伏惟雅正。

馆侍王文治

遍览秀山之楹联诗文就可以知道，这首短小精练的五言律诗所包含的思想深度，非一般即景感悟诗可比。现试解读如下：

突然悟到，生命就像寄放在天地间的一件东西，眼前这空明的小亭，姑且也可以暂住片刻了。官府衙门本来就是过往官员的暂住之所，而天地之间，原本也就是个大旅馆，在热闹的往来间，谁可以一直住下去？尘缘一梦，人生苦短，还是回到眼前的美景中来吧，听松涛鸟语，赏月白风清，竹林里的清气似乎与天上的云气相接，让人在清凉中顿生寒意，林间云烟倒映在澄澈的海里，虚幻缥缈，令人遐想。在这天高地迥的南国小城，即使有归隐之意也用不着解印弃官，你没见啊，我们早就和渔人樵夫们混迹江湖了。

王文治是江苏丹徒（今镇江）人，乾隆十八年（1753年）探花。这位江南才子被朝廷委派到临安（今建水）任知府时，他的老朋友朱阳【福建漳平人，乾隆十七年（1752年）进士】已在通海的山水中游弋了三年了。

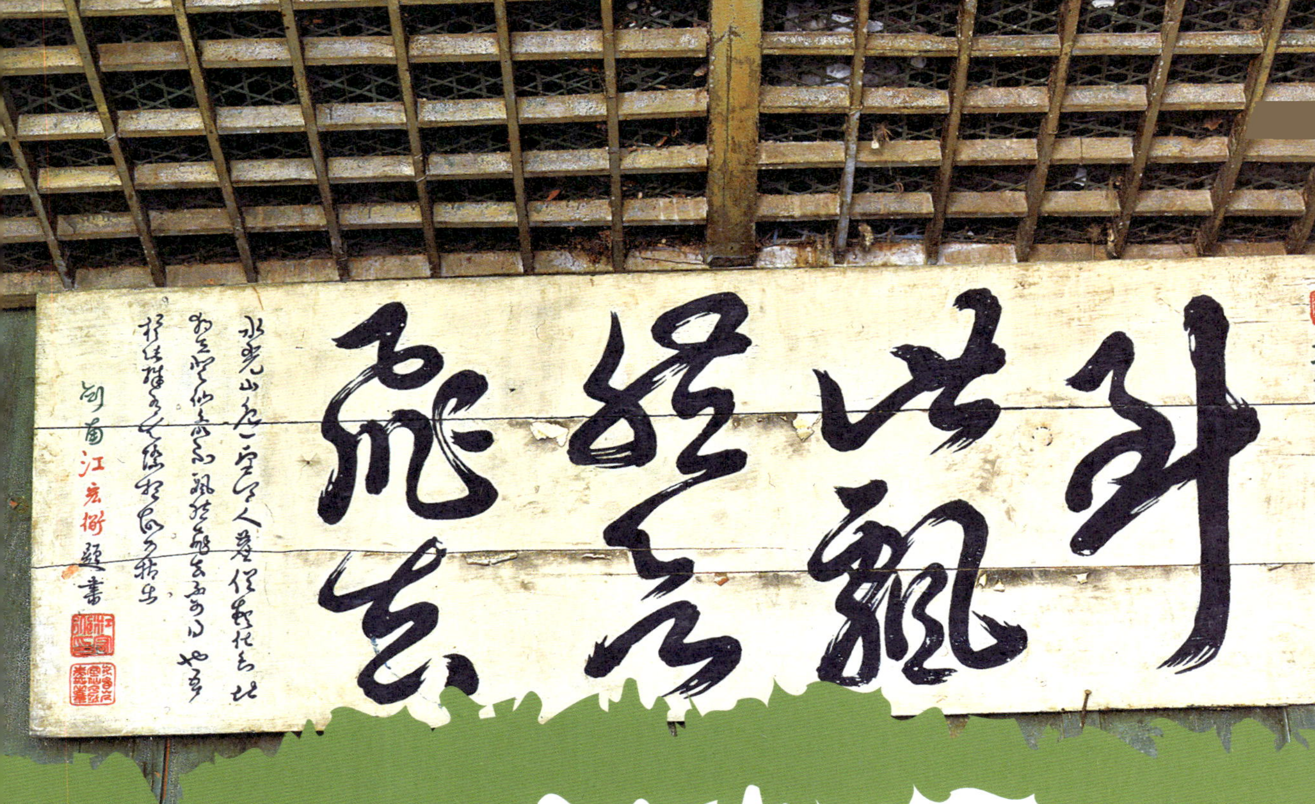

让王文治在为官万里之外的失落中安放灵魂的，是通海的山水。

通海山水曾经是无与伦比的自然画卷。细读史料可知，通海山水绝不是抽象的传说，而是曾经真实的美丽，“云岭江南”只是这种美丽的一个普通比喻。

> 山色四周，湖光一鉴，形秀而美，势固而雄，昔人立郡，为诸部落之渠帅
>
> ——明《临安府志》

此段文字以明镜来比喻清澈的湖水，写出了高原盆地的温柔秀美，俨然世外桃源。

> 逾滇以南，深渊绝壑，惟通海为最胜。环通海数十里，峻岩遥峰，琪树琅玕，惟秀山为最胜。
>
> ——明《重修涌金寺记》

此段文字通过与滇南山水对比，突出通海湖山胜景，秀甲南滇。

滇之郡县，星罗棋布，求其山秀湖清，独辟门户如通海者，指不数屈。通海固临安之锁钥也。山以秀为名，犹人以杰而称。……双湖荡漾秀山前，烟波万顷。……而北山一带，环于湖外，俨为罗城，山外三峰，宾迎秀岭。形势若斯，使天开文明之运，吾知秀山，通湖又不仅名于临郡也。

——康熙《通海县志》

此段文字将通海湖山与云南诸郡县山水比较，突出通海“山秀湖清”之特色，“北山一带”四字，将秀山以北的群山比喻成一条温柔的带子，形象地写出了通海山势平缓，蜿蜒环湖，湖山一体的温柔秀美。

据秀山之在通海，高插云霄，俯临城郭，层峦叠嶂，与诸山之间，尤为秀异。山之花木，积翠凝香，虽秋冬不减。又有通海一湖，环抱于前，周遭百十余里，波光澄碧，鸟鱼泳隐。湖之外，又有宁州、河西所属诸峰，列为屏障，四合拱向。登览之际，秋风莼色，春渚渔歌，入耳怡心，迹似江淮风致。

——缪宗周《秀山湧金寺大雄殿阁碑记》

此段文字写出了秀山与杞麓湖浑然天成、相映成趣的自然画卷，“迹似江淮风致”与“云岭江南”的比喻有异曲同工之妙。作者缪宗周（字碌溪）是明正德十六年（1521 年）进士，足迹遍及全国，晚年辞官回乡，这位见多识广的文人将故乡山水与“江淮风致”作比，想来是客观可信的。

从上面这几段不算艰深的古文中，我们大致可窥见已逝通海山水的背影——

温柔的山形，清澈的湖水，秀丽的山色，天然的画卷。

不高亢，不低迷；不豪壮，不粗鄙。优雅而不失恬静，精致而彰显大方。

一切曾经是和谐的搭配，完美近于中庸，一如秀山上那副对联的意境——

不寒不暖有花处
半醉半醒无事人

吸引王文治一次次长途跋涉徜徉秀山的，是通海文化中特有的江南气韵。

通海人大多是移民和屯军的后代。

最大规模的移民在元明两代，忽必烈率十万大军入云南后在通海曲陀关设立都元帅府，大批晋关山陕军民随军迁入。明太祖朱元璋将南京万户士民迁徙云南，落籍通海的就有数千户。

“明洪武中，以滇初隶版图，籍江左良家子弟数十万人，从西平侯永戍其地。由是三百年来，滇中文章德业之士，指不胜屈，与江左遥相呼应，盖风声气俗，本有同源。”（《通海阚玉湖先生金台双祝诗序》）

这篇由康熙朝内阁学士兼礼部侍郎韩菼为通海人阚玉湖（阚祯兆之父）写的序文明确地记述了通海“风声气俗”，与中原同根同源的历史事实。

且不论朱元璋移民的初衷里含有多少对被迁移者不放心甚至是惩罚的成分，也不论被迁移者从落籍异乡到“不知何处是他乡”的过程中经历了怎样痛苦的心理嬗变，但对通海乃至整个云南而言，大规模的移民确实从客观上促进了民族融合和文化交流。这种融合与交流使通海的节庆典礼、祭祀天地、迎神赛会、尊儒祭孔、音乐舞蹈、民间曲艺等文化活动都流淌着中原文化的气韵。

王文治初到通海即感受到了这种气韵，风尘仆仆的他不仅在这个被誉为“云岭江南”的高原坝子看到了酷似故乡的山水，还从这个滇中小县的民风民俗中听到了依稀仿佛的乡音，在这种与乡音乡情的奇妙邂逅里，他惊喜地

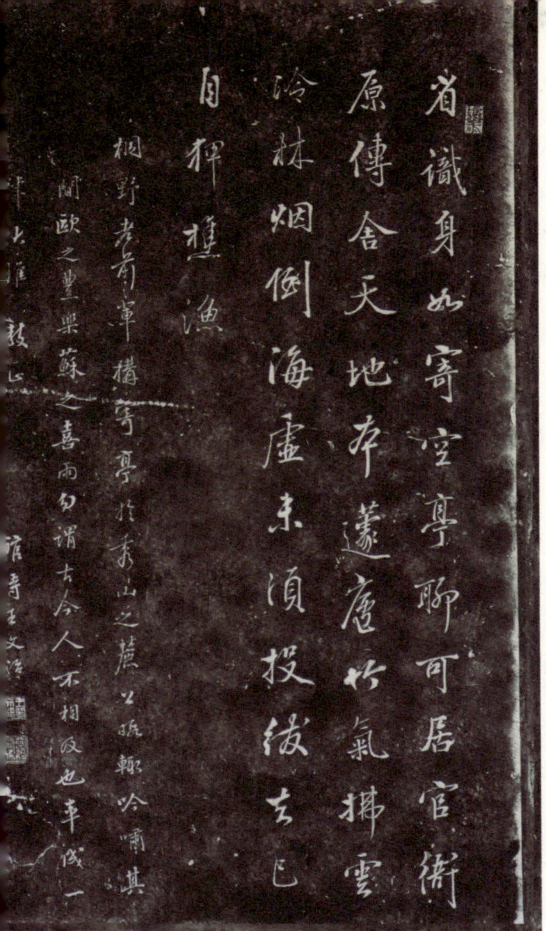

王文治《寄亭诗碑》

感受到一种故土文化的温暖。

值得注意的是，王文治在诗后的附记中提到两个大文人：欧阳修和苏轼。

这两个屡遭贬谪却豁达睿智的宋代文官都以其出类拔萃的文采风流天下，他们在人生最失意的时刻都能胸怀天下，与民同乐。

北宋庆历六年（1046 年），欧阳修被贬为滁州太守，开始与山水结缘。山中僧人智仙为他建亭饮酒赋诗，欧阳修自号“醉翁”，并以此名亭，写下传世之作《醉翁亭记》。醉翁亭因此闻名遐迩，被誉为“天下第一亭”。而作为醉翁亭的姊妹建筑——丰乐亭则是欧阳修在滁州任上修建的，欧阳修在自己的文章里记述了这件事：

“偶得一泉于（滁）州城之西南。丰山之谷中，水味甘冷，因爱其山势回环，构小亭于泉侧。”（《与韩忠献王书》）

此段记述表明，欧阳修是在与山水之美的偶然邂逅中萌生建亭之意的，而丰乐亭就建在群山环绕风景秀丽的一小泉旁。

“修之来此，乐其地僻而事简，又爱其俗之安闲。既得斯泉于山谷之间，乃日与滁人仰而望山，俯而听泉，掇幽芳而荫乔木，风霜冰雪，刻露清秀，四时之景，无不可爱。又幸其民乐其岁物之丰成……安此丰年之乐者，幸生无事之时也。夫宣上恩德以与民共乐，刺史之事也。遂书以名其亭焉。”（《丰乐亭记》）

此段文字记述了丰乐亭命名的缘由，透

过字里行间，我们可以感受到欧阳修此时的快乐是一种发自内心的真诚，被贬滁州丝毫没有在他的文字中留下任何阴影，他的心地是坦荡磊落的，这是一种真正淡泊功利的单纯之美，在他眼前，自然景色“无不可爱”。而“丰乐亭”，取的就是“岁物之丰成”“与民共乐”之意，欧阳修为此还写下了《醉翁亭记》的姊妹篇——《丰乐亭记》（后来他的学生苏东坡又把《丰乐亭记》全文书刻于亭中石碑上）。欧阳修还写了《丰乐亭游春》表现这种与民同乐的盛况。

红树青山日欲斜，长郊草色绿无涯。
游人不知春将老，来往亭前踏落花。

与欧阳修志同道合的苏舜钦在自己的诗中也记录欧阳修建丰乐亭并与民往游其间的生动情形：

构亭于其间，四面开轩墉。
名之丰乐者，此意实在农。

这位在流寓苏州时建了仓浪亭的诗人还用“百人拥持大车载，城市观走风涛翻”的诗句，描写欧阳修建亭时搬运菱溪大石穿城而过，民众争相观看的情景。

与欧阳修略有不同的是苏轼在建喜雨亭时还没有遭受贬谪之苦，此时苏轼才 26 岁，初入仕途，正是踌躇满志，前途一片光明的时候，他受朝廷诏命到陕西凤翔做“签判”。虽只是文书一类的小官，但他并不觉得委屈，此时的他精力充沛，才情卓越，最喜独创。到任不久，就掘沟引水，垒墙修圃，把府衙后一块荒废多年的空地，改造成一个赏心悦目的小花园，他又在园中心的土丘上修了一座可观赏全园景色的亭子。时逢大旱，亭子修成时，下了一场大雨，官民皆大欢喜。苏轼便把这亭子命名为喜雨亭。他在自己的散

文中写道：

> 亭以雨名，志喜也……余至扶风之明年，始治官舍，为亭于堂之北，而凿池其南，引流种木，以为休息之所……今天不遗斯民，始旱而赐之以雨，使吾与二三子，得相与优游而乐于此亭者，皆雨之赐也。其又可忘邪？
>
> ——《喜雨亭记》

此段文字记述了喜雨亭命名的缘由，虽然苏轼的建亭初衷只是“以为休息之所”，但因了这场及时雨，解决了百姓的衣食问题，他才能与朋友们“相与优游而乐于亭”，故而对苍天心生感恩之意，将亭子命名为喜雨亭。

苏轼在文字里流露的喜悦是发诸肺腑的，他那与民同乐的思想也是他日后无论被命运打进怎样的深渊也能积极有为的坚实基础。

两位大文豪殊途同归，虽历尽人生风霜雨雪，但他们却保持了一种自然真淳的快乐，正如欧阳修所言：“醉翁之意不在酒，在乎山水之间也。山水之乐，得之心而寓之酒也。”

回到王文治寄亭诗碑的后记中：“桐野老前辈构寄亭于秀山之麓，公暇辄吟啸其间，欧之丰乐，苏之喜雨，勿谓古今人不相及也，率成一律，伏惟雅正。”

从这简洁的文字中我们约略可以觉察到那么一点为官万里之外的幽怨，但这种感情很淡很淡，一种随遇而安的豁达冲淡了个人的得失，“欧之丰乐”“苏之喜雨”两处用典则委婉地表达了这种豁达。整首诗看透了生命的本质、人生的真相，最可贵的是，淡化了权利意识，几近“万物与我为一”的境界。这些文字脱去了官场的俗气，在深刻厚重的生命反思中落笔于淡雅清新的自嘲：“未须投绂去，已自狎樵渔。”真正进入一切随缘聚化、自在庄严的哲学境界。

王文治在诗后记中说：“勿谓古今人不相及也。”其实，古人今人，隔着的只是一段时间，正如遁翁亭那两副异曲同工的对联——

斯文托咏在山水
此地感怀无古今
清樽共一亭醉翁之意在山水
往事论千载贤者所怀无古今

古往今来，贤者所怀者何？唯生命与人生而已。

木雕艺术圣堂

一位普通民间工匠，能于方寸之木，雕刻历史人物、佛道故事、花鸟鱼虫，且构思新颖、构图严谨、画面栩栩如生。如此娴熟的刀法、超群的技艺，全源自作者对事业的锲而不舍、精益求精。正因如此，他的作品历经百年，依然名声远扬、光芒四射。高应美，这个颇具传奇色彩的名字，早已在百姓心中树起一座丰碑……

杨广镇小新村，距通海县城四千米，这里青山环抱、溪流纵横，三圣宫就在虎山、大石山与富春山之间，小溪淙淙流过门前，从虎山上向下远眺，三圣宫就像一只两头尖尖的楼船，轻盈地停泊在山水之间。相传远古的时候，这里是一片汪洋大海，彝族是这里唯一的居民，在秀山修行的神僧畔富乘船来到这里，用手杖击穿海底，泄去了洪水，“通海”由此而得名。大水退后，渐渐有人家搬迁而来，人们为纪念神僧畔富，就在仙人遗留下来的船上建起了三圣宫，三圣宫又名大寺，内分三殿两院。明朝洪武年间，由当地人付承运主持建造前殿、中殿，供奉关圣，被命名为“关圣宫”。到清末光绪年间建后殿，殿内塑有儒、道、佛三圣，改名“三圣宫”。其实除了熠熠生辉的槅子门外，这座始建于明洪武年间，集儒、释、道为一体的寺庙，其布局、结构和其他雕刻，

❶ 通海木雕槅子门第四扇“龙”

❷ 木雕槅子门

也已不同凡响，现在尚存清康熙、雍正、乾隆、嘉庆、道光、同治、光绪直至民国的重修碑记。和大部分寺庙的命运相似，在过去的很长一段时期，三圣宫被用作了学校，但它的完好无损，特别是槅子门的完好无损表明，即便是最顽皮的小学生，也没有想到去伤害它的一丝一毫，一点一线。

三圣宫正殿的中门悬挂着一块黑漆金字的匾额，上书“三教同源”，是当代书法家王伯纯的手笔。旁有题联：静而定，定而安，安而虑，虑而得，得止至善；道生一，一生二，二生三，三生万，万象皆空。

“山不在高，有仙则名；水不在深，有龙则灵。”三圣宫虽地处乡野，但木雕珍品使其远近闻名，三圣宫里最引人注目的，是正中的一堂木雕槅子门，由清末木雕艺人高应美花了 17 年心血精雕细镂而成。据王连城的《续河西县志稿》载：“高应美，河西人。木工，擅雕刻，技艺冠绝，能于方寸之木，雕刻历史人物及佛道故事……”高应美的父亲是著名滇剧演员和雕刻家，高应美从小就喜欢看戏、绘画，对民间的神话传说和历史故事如数家珍。长大后，他没有成为一名滇剧演员，却拜了曾参与修建通海县城聚奎阁的木匠吕玉山为老师，深造木雕艺术，而他雕刻于槅子门上的故事，便来源于戏台上的演出。高应美从光绪末年开始进行木雕创作，到 1933 年去世，在这 20 多年里，高应美先后在通海、河西、个旧等地设计、雕刻了四堂槅子门。一堂在河西圆明寺大雄宝殿内，在 1983 年毁于火灾；一堂原在个旧李家花园内，据说后来漂洋过海卖到了法国，现在被法国一家博物馆收藏；一堂在通海城周家花园内（现在县文化馆保存）；一堂就是三圣宫的这 6 扇。这四堂槅子门中，就数三圣宫这堂艺术价值最高，工艺最为精美，是高应美一生的代表作，被称为“中华第一神雕”。

通海县小新村三圣宫的这堂槅子门之所以受世人瞩目，原因在于它美轮美奂的雕镂，在于它无与伦比的气度。6 扇槅子门每扇高 3.2 米，宽 0.6 米，厚 0.07 米，材料是红椿木，其特点是不会生虫，

小新村槅子门

不会变形，不易腐朽，当年用马帮从丘北县林区驮来的。槅子门采用镂空技法雕刻，使得立体空间层次更加丰富，繁而不乱，足见雕刻者细腻流畅的功力。镂空是雕刻门窗的常见技法，一般能镂空雕到三层的就算是高手，然而这里镂空却达到了五层，已达到了绝顶高手的境界，让人叹为观止。人们常以“雕梁画栋”“巧夺天工”称赞我国古代建筑艺术，用它来形容三圣宫槅子门，是恰如其分的。支付高应美工钱的方式也很奇特，木渣兑金银。除包吃包住外，雕刻的第一阶段是粗活，刻下的木渣，一两兑一两银子；第二阶段是细活，刻下的木渣，一两兑二两银子；第三阶段打磨下来的木

屑，一两要兑一两金子，可以想见当年高应美已是何等的受人推崇。

6 扇槅子门共雕有人物 151 个，战马 20 匹，腾龙 5 条，麒麟 4 头，耕牛 4 头，亭台 8 个，人物、图像都用赤金、银珠、土漆混合点缀，色彩鲜明，栩栩如生。在有限的板面上，共安排了 29 组场面大小不一的人物故事，画面以历史神话场景为主，有封神、战国、三国、水浒、民间神话等故事场景，并雕刻花草树石、鸟兽虫鱼、房舍桌椅、枪刀剑戟、山水云雨等景物作衬，安排布局体现了传统的国画手法精髓。

中间两扇是整堂槅子门的中心，五条金龙飞腾穿游于云海之间，称为“五龙捧圣”。龙身浑圆柔润，龙尾翻转扑腾，鳞片熠熠

小新村槅子门

闪光，使人联想起“日照龙鳞万点金”的诗句。其余四扇，作者根据离参观者的远近差距，上部安排的事物较单一，人物也较分散，人体高约五寸，由十八个和尚分列在四扇槅子门上方，或乘龙，或骑马，或持杖，或捻佛珠，组成十八罗汉请观音图样。槅子门中下部，人物较集中，故事场面也较之复杂，有的人高二寸有余，有的才枣子大小，由“三打祝家庄”“八仙过海”“十八路诸侯伐董卓”“赵子龙大战长板坡”等故事组成。在这一组组纷繁复杂的故事中，高应美充分运用了对比、映衬等手法，达到了既多样又统一的效果。最为细致传神的，当推“过江招亲”一组故事：桌上茶壶烟雾缭绕，刘备身后的大将长须飘拂，二者的一“绕”、一“飘”，映衬出风雨欲来的紧张局势，使观众大有身入其境之感。再请看处于陪衬角度的绘画图案，老树盘根错节，从格子门最里层扭曲延伸而出，树旁小亭玲珑剔透、幽深旷朗，中间的饮茶者神态安详，刻画得入木三分。

中国传统的槅子门以纵向分，可分为三部分，上部装窗棂的叫“隔心”、“格眼”或“菱花”；下部装木板的叫“裙板”或称“障水板”；中部隔心与裙板之间的狭长部分称“腰花板”。三部分中，隔心是雕刻表现的重点部分，一般是工艺复杂、精美的透雕；腰花板部分为浮雕，也有采用透雕的；下部的裙板，全部采用图案简单的浮雕。三圣宫这六扇槅子门，除隔心雕刻精美细腻外，腰花板和裙板的图案也并不简单，即使在最易被忽略的裙板部位，也是十分精彩的。比如“五龙捧圣”图的下面，从两座石山中伸出了几丛参差不齐的竹枝，竹叶远看好像在随风左右摇曳。再从近处看，这些茂密的竹叶组成的图案却另有玄机，原是一首七言绝句：水绕楼船起圣宫，双龙发脉势丰隆。春山拥翠千年秀，不赖丹青点染工。这首诗描写了三圣宫周围的地势、地貌、环境、历史沿革、风物传说等。“双龙发脉”指小新村三圣宫在本村

正中，左有大石山，右有牛头山（又称富春山），形如两条巨龙飞舞翻腾，故有双龙发脉之势。“春山拥翠”即指寺旁的富春山古木苍翠，它背靠小新村，面对大兴村，它的苍翠长青，无须画家用丹青妙笔点染。“不赖丹青点染工”还寓意雕刻槅子门者鬼斧神工，妙趣天成，自然流畅，没有刀凿斧劈的痕迹，可谓一语双关，让人读后遐思绵绵。

三圣宫槅子门雕刻于清末光绪二十六年（1900 年），至今已历经了一个多世纪的风雨沧桑。一百多年的风风雨雨，这堂槅子门能幸存下来，可以看出小新村人对这堂门真是倍加呵护，小新村三圣宫木雕槅子门因其独特的艺术价值成就了它在中国木雕艺术史上不可动摇的地位，我们都为拥有这样的稀世珍品而感到自豪！

“绕楼船起三圣宫，双龙发脉势丰隆”——小新村三圣宫

古镇河西的诗情画意

河西文庙中那株千年唐柏，犹如一位精神矍铄的老人，日复一日地用他满身的铜钉，向人们无声地诉说通海坝子沧海桑田的历史，众多的文物古迹向我们展示古河西的地灵人杰。

河西古镇位于通海西部，面积 188.435 平方千米，为通海最大的乡镇。境内之夹雄山“为新兴、宁州、河西、通海诸山之祖”；螺峰山是通海境内最高的山峰；螺髻朝岚之秀美，溶湖烟柳之妩媚，台山道院之旷朗，碌溪古渡之茫茫，普应晨钟之雄浑，北龟牧笛之悠扬，帅府桃林之灿烂，古柏参天之昂扬，龙潭夜月之奇妙，云峨石壁之峥嵘，还有东浦渔灯之夜景，海岛仙崖之风光……倾倒过古今多少人。

古镇北大门曲陀关，曾经是元朝远控滇中南的政治、军事中心，都元帅旃檀在帅府附近亲手种下桃树千株。每当桃花盛开的时候，威武的都元帅府灿然换了一副模样，威武的他变成了娇美的她。俨如一位初长成的少女，袅袅婷婷，羞羞答答，一脸红晕出现在人们面前，怎不令文人学士和墨客

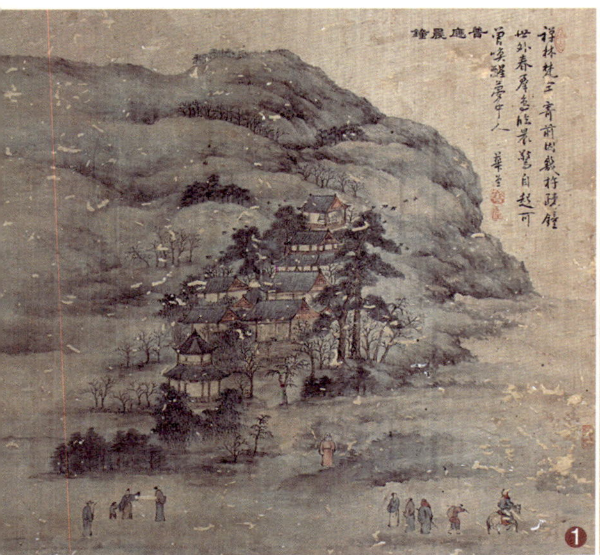

❶ 戴钟洋河西八景图之普应晨钟

❷ 戴钟洋河西八景图之螺髻晴岚

骚人动情呢。

名园花放试春妆，武地今为礼让邦。
曾泛禹门三汲浪，肯培陶径九秋香。
东风骀荡红霞烂，丽日暄妍翠景芳。
贤尹后来能继植，河西即是古河阳。

这就是明朱光正笔下的《帅府桃林》。

“帅府桃林”，今已变为林粮基地。

古镇南部的螺峰山，是通海境内第一高山。“一览众山小”的山顶上，当年有一座石塔似一把倚天利剑，直刺苍穹。

塔下有池，早晨，从池中升起的雾气环绕石塔，宛如女人之发髻，煞是神奇美丽，让人心驰神往。

峨峨万叠自天成，望里浮岚一抹轻。

❶ 戴钟洋河西八景图之海岛仙崖

❷ 戴钟洋河西八景图之北龟牧笛

❸ 戴钟洋河西八景图之溶湖烟柳

青玉案横开晓霁，翠云屏冷卷秋声。
边疆远奠规模壮，人物多钟秀气生。
我欲移家傍幽隐，山君木客阻寻盟。

明天顺年间的河西县令蒋良就为这美丽景色而动情。可惜，1913 年大地震，螺峰山山体下滑，塔倒池亡，螺髻不再。

古镇东部的凤凰山，是一座被美丽和神奇包裹的山。当年，它曾经四面环水，是杞麓湖中的一个岛屿。随着杞麓湖水的不断下降，它才演变成今天这般模样。从山的东南方顺时针方向转，海岛仙崖、龙潭夜月、云峨石壁、溶湖烟柳、三渡碌溪、东浦渔灯，一个个满含诗情画意的胜景便依次向我们走来。

海岛仙崖：

桃花把红云留在海岛，杨柳在春风中尽显风流，山崖参差，又遥与秀山争秀。崖下绣浪层层如涌月，湖上欸乃声声渔家乐。此时，捎上一壶酒上崖去，是仙人也是仙人，不是仙人也是仙人了。

清康熙河西知县张象贲诗云：

缥渺仙源绕碧沙，飞来峰妒锦城花。
崖前放鹤天光近，海上屠龙蜃市斜。
绣浪层翻如涌月，晴峦叠送似流霞。
浮樽酌酒频东望，笑指白云第一家。

龙潭夜月：

龙潭夜月也叫双潭映月。你看，长天在清澈的潭水中荡漾，娇美的月亮展现出更加迷人的光辉，此景怎不叫明正统河西知县罗胜心旷神怡，浮想联翩。

❶ 戴钟洋河西八景图之东浦渔灯

❷ 戴钟洋河西八景图之帅府桃林

❸ 戴钟洋河西八景图之台山道院

一潭清莹漾长天，疑有神蛟此处眠。
兔窟云收悬宝镜，龙宫水满泛青莲。
九秋风露声偏寂，万古山河影自圆。
忆昔少年攀桂日，梯云从此问婵娟。

云峨石壁：

这可是河西名人葛中选闭户著《泰律》的地方。壁立峥嵘，石径曲折，气韵天然潇洒。葛中选闲来时或登石上，望螺髻数峰；或扁舟钓于溶湖，乘醉作石竹墨牡丹，曲尽生物之妙。名人用诗表达了他对云峨石壁的热爱。

初日上鳌峰，绿含似露浓。
云恬滋石雨，鸟悦和山钟。
手一编闲咏，耳万物於空。
将学袁伯业，老读书此中。

溶湖烟柳：

溶湖小，然水清，更有那湖岸烟柳，朦朦胧胧，袅袅婷婷，仿佛青春女子在向你展示温柔，让人怦然心动。怪不得古人有诗：

媚质天然傍水滨，分明物外有佳人。
细腰袅袅熏兰佩，醉眼依依对月轮。
練色轻盈萦翠黛，烟光荡漾笼飘苹。
临池更写风流态，故把青纱罩半身。

湖边小亭翼然，建于1942年。亭之柱有地方绅耆写的对联八副，其中一联云：“亭不在高三面荷花四面水，湖虽云小一堤杨柳半堤烟。”

三渡碌溪：

碌溪会诸水以入杞麓湖，久之淤垫，别谭家营为一湖，解家营为一湖，戴文营又为一湖。明弘治间，县令箫济，范溪为堤，疏三渡各为梁以济。然遇多雨，平桥尽没。傍晚，远方的山正把残留的雾霭收回，岸边的垂杨笼罩在即将消失的晚霞之中。目断天涯，越过千顷波涛卷起的万堆雪花，远方是碧绿的春草和炊烟袅袅人家。

哦，春潮涨了，涨痕淹没了淤积在渡头的沙洲。摆渡的小船在春水中摇动，身披蓑衣的老翁，把手中的竹竿轻轻一点，“嗵”的一声，玉一般的河面便被戳了个洞。好一幅诗情画意的图画。怪不得罗胜也有诗云：

涨痕新没渡头沙，千顷茫茫浪雪花。
舟子转篙春水滑，征夫立马夕阳斜。
云开远岫收残霭，岸隔垂杨带落霞。
目断天涯芳草碧，炊烟且宿野人家。

东浦渔灯：

月亮不明之夜，杞麓湖上每夜必有渔人不分雨晴，设火炬于船上，诱鱼触船而捕之。远望细火微明，简直让人怀疑是萤火虫都飞向这里汇聚，还是天上的繁星都掉进了湖里？那里，一定是仙人在赶集，集市上一定陈列着世上没有的珍奇！

好一幅奇妙夜景，明成化河西教谕胡泰做了精彩描绘。

始建于明代的河西文庙至今仍保存完好

❶ 河西古镇台山道院

❷ 河西古镇节孝坊

万籁无声水不流，隔芦几点夜悠悠。
初疑星上孤村外，又讶萤飞古渡头。
光射芦花惊落雁，焰分荷荇照眠鸥。
烟波澄澈渔家乐，却笑明珠是暗投。

凤凰山北不远有座龟山，水清澈而潭深，草丰茂而山青，这已是仙境。而牧童竞去，乐而横笛。长笛一声，美妙的音符便在仙境样的山间回荡。此情此景，明成化河西举人李谧诗曰：

牧子骑牛下北龟，手横短笛自频吹。
数声嘹亮风前晚，一曲悠扬日落时。
有调何须追宁戚，无腔安敢慕桓伊。
黄昏不脱蓑衣卧，俯仰乾坤到处宜。

今牛已换“铁牛”，此景也就变成了龟山的历史景观。

河西社区北门外台山顶上的台山道院掩映在绿树丛中，清爽至极。远眺群山拱湖，只觉天光旷朗，渺然无际。这怎能不引来游人如蚁，又怎能不让众多游客在这里悠悠然忘了时间？猛抬头，太阳早已西下，月已中天。

古人孙贻谷就有此遭遇：

名刹高悬象外幽，晚凉乘兴便遨游。
晴开万里天边净，爽发三台座下收。
放眼乾坤春有脚，旷怀今古月当头。
闻钟尚觉归来早，爽道清光映带钩。

1978年农业学大寨，台山改成大寨地，北极宫暴露无遗。今又退耕还林，绿树掩映北极宫又有了希望。民间集资重修台山道院，香客如云。

早晨，普应山麓圆明寺的钟声雄浑、厚重，响彻大千世界。世界就在钟的轰鸣声中醒来，然后生动起来。

万家分曙色，一岭度钟声。
大小云中扣，低昂月外鸣。
近松醒鹤梦，傍晓入春城。
遥望青山下，林深古寺横。

古人，就这样讴歌与他们的生活息息相关的普应晨钟。

传说此钟系地仙所铸。现此钟已不存。

云岭花城的花街盛会

通海花街始于1990年，每年的正月十六前后举办。通海花街一出现就以她的多姿妩媚展现在世人面前，至今已举办十五届，每一届花街都吸引大批游客莅临通海，“赶一趟花街，染一身春色”，通海花街以其独有的魅力享誉四方。

花街是通海人的喜庆节日，每年的花街，人们还沉浸在春节的气氛里，就在融融春风中展开了她的姿容。烟花三月春霭氤氲，和煦的春岚沐浴着沸腾的通海古城，沐浴着省内外的宾客。

通海花街历届都在变，变得新奇，变得厚重，变得多元化，花街形成集彩灯、音乐、民族歌舞、诗书画、民俗风情、洞经古乐、园林艺术为一体的通海文化艺术大观园。矗立花街的古典牌坊，仿佛将人们带入了尼郎胜境，古典的牌楼、花亭、墙门与鳞次栉比的现代化大厦相映衬，象征了通海古城的历史风韵与新生。

通海花街景点各异，有江南水乡的玲珑秀丽、苏杭园林的典雅，浓缩了楼台亭阁、假山喷泉、小桥流水、幽径曲廊、瀑布苍松、山村野庐、茅舍田园、青竹垂柳，将游人带入了恬静野趣的大自然。

通海是诗词楹联之乡，秀山匾山联海名盛几个世纪。将楹联融入花街，满目珠玑，用楹联讴歌美好的春天，颂扬祥和盛世，物阜民丰，赞颂国泰民安，文明圣德。

赋诗台，书画案，诗美词丽，翰墨飘香，外地游客与书画家联台纵情挥毫，抒发对通海尼郎古风的眷恋和赞美。

近几届通海花街的规模格调，愈发凸显了通海花街的情趣和韵味，尤以彩灯、花亭、楼牌而彰显了花街的绚烂妩媚。

古城人和外地游客钟情于花街的夜晚良宵，漫步花街，花与灯相互交融，斑斓溢彩，荧光飞扬，让人感受到的是温馨，是置身于仙宫般的悠然愉悦。一阵阵悠扬的古乐声，使畅游花街的人们吮吸花芳的馥郁幽香之中，沁润心脾，魂清神逸。

花如潮，人如海，游人摩肩接踵，绚丽璀璨的花世界，让一张张在花丛中绽放的艳若彩霞的笑脸，用相机留下使人难忘的春天靓影。通海花街是通海古城 25 年前新生的节日，是通海古城空前的多元化文化最集中的代表，通海花街给古

通海花街夜景

城增添了自豪和荣誉，带来了经济的发展和文化的繁荣。

现代人各自都在追寻美的感觉，追寻高雅健康的精神生活来充实自我，解脱世俗的烦恼。通海花街恰恰成为人们寻求精神享受的理想境地。

通海花街有一种近乎大美的整体魅力，它包罗万象、生机盈然、琳琅满目，看似通俗却蕴藏着文人雅士的阳春白雪，也彰显着人们所追寻的大众化的美。置身于通海花街宛若到了一片圣洁的梦幻般的花世界。面对现代日益繁忙的工作节奏，两年一度的通海花街，给古城人及外地游客带来了几日清新、雅致、悠闲的享受，调节了人们的工作压力，紧张的心情在花街上得到了舒缓。同样通海花街也折射出了现代人追求自然的情趣。

赏花、谈花、赞花、买花、卖花是古城人及外地人最时兴的话题，短短半个月的花街天天都弥漫着节日的气氛。赶一趟花街，染一身春色，带回一种享受、一阵欢乐、一片情趣。宾客到通海赶一次花街带走的是通海可餐的秀色和通海古城人的热忱好客、朴质蔼然，带走的是通海经济文化发展繁荣的精制名片。

通海人爱花、种花历史悠久。通海六百多年的文明历史，得以“冠冕南州”“礼乐名邦”，与花文化的繁荣是分不开的。从通海的旧时市井记载可以看出，古城人家都置有院心，院中必植花卉，一般庶民尚且种花，富贵、官宦、商贾更是盖有花园卉圃。花的摆设置有精致花架、石墩。商铺、茶肆酒楼、文人社团、寺庙道庵、梨园堂会都有花卉花桩盆景点缀环境。对大自然，通海官绅商贾、文人学士更是情有独钟，每年都盛行春游芳草地、夏赏荷花池、秋饮菊花酒、冬吟梅花诗的雅趣。这种对花的文雅习俗一直延续至今，而且形成了通海花卉种植的基础。

花街盛会民俗展演——蒙古族舞龙

通海名花迭出，争奇斗艳，通海剑兰以其叶脉挺直锋芒，花芳幽馥而闻名全国。曾经得到无产阶级革命家朱德委员长赞誉的通海花桩，更是以别具一格、朽木逢春的高贵韵质赢得省内外人士的青睐。桃桩、梅桩、香樟、黑果木桩的造形千姿百态，让人震撼；山水盆景，咫尺之间呈现的是千山竞秀、万壑争流、奇峰峻岭的大气；通海本土培植的剑兰、杜鹃、山茶、牡丹、玉兰、罗汉松、缅桂、万年青、百合、康乃馨、玫瑰，上百种花卉异草近年已形成了产业化，远销省内外，并在多次花桩、兰花参展比赛中屡屡夺冠，为通海的花卉产业化赢得了市场，是通海多元化文化的发展取得的硕果。

花是通海人生活中不可缺少的一部分。随着人们的生

活日益富裕，家家厅堂书斋都摆设鲜花，花成了通海人文化的象征。

通海花街的另一个特色，以花为媒，以花街为契机，通海各企业纷纷展现自己的产品，从花街中基本上可以了解通海的工业、农业、农副业、手工业、食品业、旅游业经济发展的全貌，为通海工业强县、文化兴县铺垫了坚实的基础。

每个地方和区域都有代表它文明的一面，通海花街就是通海最绚丽的一朵奇葩。通海花街是古城文化最集中展示的平台，是通海人最盛大的节日，是云岭最绚丽的一道彩虹。

热闹的通海花街

勇敢者的游戏
——云岭高原蒙乡那达慕

带着对先人的怀念，带着对宗族的致敬，那达慕再次在西南边陲的通海县兴蒙乡燃烧。一切都没被遗忘，血脉中还奔腾着草原的豪放，马奶酒的醇香弥漫村野，晒黑的脸庞上依稀可见历史的荣光。

凤凰山的南面在落日下熠熠生辉，从这个角度望去，兴蒙乡八百年的风烟一览无余。

就像浮萍找到了根蒂，就像候鸟疲惫了迁徙，元世祖的铁蹄把山河踏遍来到这里——云南通海杞麓湖畔凤凰山脚。或许冥冥中自有天意，他们如贪恋醇酒一般，贪恋上了这片土地，他们跳下战马，交过缰绳，义无反顾地留在这里。

于是这群逐水而居的蒙古汉子，靠着结实的躯体、勤劳的双手、憨厚的笑容和豪爽热情的个性，最终长留在这里，繁衍生息。

八百年说长也不长，仅仅是一眨眼的辉煌，仅仅是天边添了几朵红云，仅仅是捧起一湖杞麓，喀卓人就把嘶鸣战马换成渔舟唱晚。兴蒙喀卓人安静地处于江湖之畔，陪着世事变迁，于是铁犁牛耕频频握紧，辔头马鞍被抬上了庙堂。

只是草原上的雄鹰不会忘记飞翔，久违的马蹄声又再度响起！

兴蒙乡的那达慕大会和太极鳝鱼一样名扬四方，每年的那达慕大会，总有许多人穿山越岭而来，观赏这别具一格的南方蒙古族盛大节日，于是凤凰山脚下迎来了一年里最热闹的时光，欢声笑语充满了这片青山秀岭 。

在北阁以东的场上，有绘着蓝白花纹的牌坊，有蒙古包造型的舞台，有宽阔的操场，那达慕大会就在这里举行。

破曦时候，蓝天白云已初具雏形，草地和森林开始不一样的绿，操场上万事俱备，四面八方人潮汹涌。

像雨后的春笋，似刚拱出土的菌子，如春生的野花，各色人等，填满每一个角落。树上、地上、坡上、坎下、阳台、楼顶、门口、窗前、农用车里、拖拉机上，但凡可立足处，可见缝插针处；可俯视、仰望，可远眺、近观处，处处繁花似锦，处处人声鼎沸，处处莺歌燕舞，处处如火如荼。

穿着各色服饰的人们，翻涌起伏，像溪流汇入大海，泛起波光粼粼，潮起潮落。本就只有这节日的盛装，才能映衬最璀璨的笑靥。结伴走过的女子，身着蓝衣白衣红衣，花团锦簇。在这片土地上，花儿随处怒放，杨柳随风摇摆，像温柔的眼神，像酣眠醒来的第一缕阳光。

远处走来两三个外乡人，如误入桃花源的渔夫，左看右看，看黄发垂髫，看鲜艳衣裳，看依依杨柳，看如花姑娘。走在田间阡陌上，鸡犬声相闻，他们的神情中总是带着温和的好奇，手里的相机上蹿下跳。

兴蒙的女子们都做了临水照花人，正一正鸡冠帽，梳理一下流苏，扯一扯小褂，紧一紧衣裳。龙头高高举起，这些女子啊，平常就悄无声息地撒落在每一个村庄，每一块田间地头。或握锄耕作，或肩挑背背，或飞针走线，普通得像山上的树、地上的草、路边的石头、脚下的土。但只要一有召唤，音乐一起，她们即刻化身为最深情的歌者，唱最悠扬的草原歌曲；琴声一响，她们立

刻就舒展了舞姿，变身为最激情的舞者，跳最奔放的舞蹈。她们从此刻起就是才华横溢的艺术家了。

日头渐白，操场内外人潮汹涌，每一个人都在等待着即将登场的好戏。此起彼伏的奶声奶气，娇声细语和粗犷大笑融汇成了交响乐中漫长的前奏，如惊蛰前大自然躁动不安的翻涌。

忽然，平地一声金锣响，所有人的目光都被场中央的动静吸引了，蛟龙们齐齐得了号令，好似狂傲不羁的烈马，挣脱了桎梏；如同巨浪滔天的洪峰，夺路狂奔。在清脆热烈的锣鼓声中，几条蛟龙从各个方向冲进场地中央，各夺了一块领地，征战起来。且看这条金龙，或低伏或高扬，或气势雄浑睥睨天下，或时隐时现不怒而威，蓦然昂头长啸，一飞冲天，震天的锣鼓声里酝酿着电闪雷鸣，扯动风

云为之嬗变颜色。

只有雷停了，云开了，雾散了，你才会看见下面那些舞龙的人。红润的面庞，清秀而略带骄傲的眉眼。你一定不会想到，那游龙戏珠的舞龙人，并非剽悍的蒙古汉子，而是能歌善舞的兴蒙妇女，兴蒙的“喀卓玛”。那一双双或粗壮，或稳健，或圆润，或柔弱细小的手，紧紧握住手中的木棒，好像自如地握着她们用惯的镰刀、锄头、犁铧。手上动作配合默契，错落有致，有条不紊，干净利落；脚下步伐协调一致，铿然有力，进退有序，整齐划一。她们仿佛不是在舞龙，而是在收割一亩小麦，开凿一条沟渠，砍劈一堆柴薪，翻挖一垄烟地，扶犁耕耘一方水田。

这哪里是舞龙？这分明是一个个鲜活的生命在宣泄自己的活力；这分明是一个个蓬勃茁壮的生命在沸腾在燃烧在爆发。

见过无数次舞龙，唯有这里，最让人抚掌叹息。

舞龙者尚未退场，早已候在场外多时的那些花样女子，迫不及待欢呼着、雀跃着、奔跑着、蜂拥着奔入场中，好像奔向急流漩涡中的水流。这边是盅碗舞。姑娘们头顶瓷碗，手持双盅，在音乐伴

❶ 摔跤英雄

❷ 较量

奏下，按盅子碰击的节奏，两臂不断地舒展屈收，身体或前进或后退，表现出蒙古族妇女端庄娴静、柔中有刚的性格气质。那边是筷子舞。舞者右手握筷，不时击打手、腿、肩、脚等部位。舞蹈欢快、明朗，淋漓尽致地表现了蒙古族热情、开朗、剽悍、豪迈的民族个性。

还有那一队“跳乐”的妇女，在三弦的伴奏下，拍掌跺脚。这些激情四射的舞者，她们融合了南北方民族舞蹈的特性，脚下生花。蹬、拐、转、踮、跺、腾、跳、颠、甩、簸、越，甩收、绕花、崴脚、翻身、引步……各种花样层出不穷，令人叹为观止。头部腰身大幅度摇摆晃动，舞步如行云流水，又刚劲利落。好一个花枝招展！这些如痴如醉的舞者，如花含露，如花旋舞。

再看那表演摔跤的汉子，威猛如下山饿虎骇人心魄，矫健如搏兔之鹰凌空一击。好一个精巧灵动！

这舞蹈，分明是那远古的记忆被唤醒。我们也需要用这舞蹈，向祖先表达敬意。怎能忘记，怎会忘记，那一幅幅画面，那一个个场景，早已融化在我们的血液里。从远古走来，从蛮荒走来，一股顽强的意志与信念的支撑，民风怎能不剽悍，意志怎能不坚强，性情怎能不刚强！

他们逐水草而居，逐幸福而居。打鱼、农耕，要为自己为后人觅一处安身立命之所。为明天的幸福踩踏出一条坦途。生活是艰难的，道路是曲折坎坷的。前进的道路遍生荆棘啊！他们唯有砍之斩之踩之踏之，哪怕双脚鲜血淋漓，哪怕自己体无完肤。你看那一个个舞者，不正在踩踏一切荆棘、杂草、障碍吗？他们竭尽全力扫、勾、踩、踏，他们全心全意地扫除一切阻碍。他们在祭祀天地神灵，他们在庆祝胜利。他们在重演，重演历史，缅怀和承继。以艺术化的肢体语言呈现历史，更以铿锵鼓乐将其统一，诉说这个民族的历史、宗教和文化，在这神圣的重演中，不断强化着民族自我认同和自我凝聚。这舞蹈，更像是一个饱含历史记忆的民间仪式和文化符号。

这样的民族，怎会缺少生命力，怎会缺少创造力？

时间最易在笑声中滑走，落日愈加殷红、愈加柔和，把姑娘，小伙们的脸照得红红的。脸上充满了兴奋，眼里溢满了快乐！场边的饭桌上早已摆满了兴蒙风味的宴席，太极鳝鱼和烤鸭必不可少，美酒必不可少，祝酒歌《三杯杯》更是不可少，觥筹交错，歌声四起，太阳下山，夜色幕天席地，酒桌边金灯代月。

欢腾了一天的村庄并没有因夜色的来临而静谧。好客热情的蒙家人酒席上歌声不断，“敬上一杯酒呀，表表心意；敬上两杯酒呀，醉呀醉不了；敬上三杯酒呀，祝你们幸福快乐！”……歌声激情奔放，歌声柔美悠扬，此起彼伏，一阵一阵如麦浪翻涌，流荡在这片欢乐的夜空中。于是客人醉了，醉在美酒与歌声里，醉在喀卓人的热情里，醉在这节日的欢乐里；主人也醉了，醉在激情里，醉在幸福中，醉在祖先的荣光里……

夜更深了，歌声依旧在夜空中飘荡。

远离草原的游子哟，跨下战马，泛舟江湖。今夜三杯，一杯一杯再一杯，马奶酒喝不醉，醒来的时候你会看见雄鹰从肩上起飞！

那达慕大会现场

通海穆斯林圣节

依托清真寺而举办的圣节活动，不仅是宗教活动，更是回族重要的传统节日。在回族穆斯林聚居区，举办这样的节日活动，对于促进政治建设、经济建设、文化建设、社会建设、生态文明建设，具有不可估量的作用。

少儿时代的圣节

20世纪70年代中期，在一个阳光灿烂的日子里，“文化大革命”初期封闭清真寺的那堵墙终于被村里的穆斯林大众拆除了，大家兴高采烈地清扫清真寺大殿和庭院，修缮寺顶、添置设备，人们恢复了到清真寺大殿礼拜的自由。那一年的年底，清真寺管事通知大家做准备，恢复多年来停办的圣节。管委会通知以后，大家商定了一个日子，各种准备工作也逐渐展开，妇女们把青菜买来晒几天，然后腌制成咸菜。管事们到处去买牛，到七街去买相关的食品和用具，如地豆米儿、花生、香油、盐巴以及一些配料等。圣节前几天，各家各户按家庭人口数交钱、交大米。大人们还去砍些柏树枝或松树枝在清真寺门前广场两边分别扎了两道牌坊，以清真寺为中

清真寺

心的街道上还粘贴了很多中阿对照的《古兰经》或者圣训的宣传标语，主要是爱国爱教、孝顺父母、和睦邻里、学习知识、劝人行善、止人作恶之类的内容。

圣节头天，分成若干个小组，宰牛、煮牛菜、煮饭基本是男同胞，切牛菜片儿、洗小菜、切菜、炒菜基本上是妇女同胞，舀菜、抬菜是小伙子们的责任，相帮一般都是小姑娘们。每个人的分工情况都由清真寺用大红纸张榜公布在清真寺门口的墙壁上，每个人都很自觉地按清真寺安排的岗位积极主动地去做。

圣节的当天，各方亲朋好友，包括邻村的汉族同胞都赶来参加庆祝活动，清真寺还请有名的阿訇讲“卧尔兹”，宣传伊斯兰教教律教义和穆圣的美德，劝人们多行善做好事。小孩子们一到节日就非常的高兴，礼拜完毕后，三五成群地约着去买炮仗燃放，每日三餐少不了提前去认好桌子，赶在大人之前就餐。

20 世纪 80 年代初，我去到大回村供销社工作，与当地穆斯林大众很快从相识到相熟，等清真寺做圣节的时候，我和当地的小伙子们一起去抬菜、帮忙、招呼客人。1984 年，小回村扩建清真寺，当时我的月工资只是 34.5 元，捐功德的时候我捐了 30 元，大红榜上还写了我的名字，从纳家营去参加圣节的母亲，听说儿子有这个举动，内心充满了自豪。

圣节的由来

回族的节日很多，其中，开斋节、古尔邦节、圣节是三个重大的节日。这不仅是回族的节日，也是中国十个信仰伊斯兰教的民族共同的节日。除此之外，还有小的节日和纪念日，如法图麦节、登霄节、阿舒拉节等。圣节，有时也叫圣诞节，这是为了纪念复兴伊斯兰教的穆罕默德圣人诞辰而举行的重大节日。

伊斯兰教历，以月亮盈亏为准，全年为 12 个月，单月 30 天，双月 29 天，平年 354 天，闰年 355 天，30 年中共有 1 个闰年，不置闰月，与公历每年相差 11 天，平均每 32.6 年比公历多出 1 年。伊斯兰教历分

太阴年和太阳年两种，现在回族多用太阴年计圣纪节。相传穆罕默德于伊斯兰教历纪元前五十一年三月十二日（571 年 4 月 21 日）诞生于阿拉伯麦加一个没落的贵族家庭，取名穆罕默德（意为“受到高度赞美的人”）。伊斯兰教历第十一年三月十二日（632 年 6 月 8 日）穆罕默德因病归真，终年 63 岁，葬于麦地那。穆罕默德是安拉差遣到人类社会的 124000 多位先知中的最后一位先知，是封印万圣的先知，是列圣中最有知识、最完美的先知，他是历代先知的集大成者。他具有宽容、坚忍、公正、勇敢、好学、温和、谦虚、慷慨、好施等完美的品格和高尚的品德。他归真后的 1382 年来，世界各地的穆斯林都举行圣节纪念穆罕默德圣人，学习他的美德，弘扬伊斯兰圣教。

通海县有纳家营、古城、大回村、小回村、葛家营（上回村）、下回村、县城等七个回族聚居的村镇，有一万三千多名穆斯林，大部分都是七百多年前元王朝的云南省首任平章政事（省长）赛典赤·瞻思丁的后裔，而这位来自中亚布哈拉的回族政治家，又是穆罕默德圣人的第三十一代孙。以赛典赤长子纳速拉丁名字之首而命名的纳家营村，五千多村民中，纳姓村民居多。七百多年来，农工商多业并举，被称为“手工业之乡”和“侨乡”，有“一石二斗芝麻尔林（学者）”的称号。人杰地灵，人才辈出，现代还产生过纳忠、纳训这两位世界知名学者。古城村有一千八百多名回族穆斯林，历史悠久、民风淳朴，多数为“格底目”，一百多人属“哲赫林耶”，分别建有两所清真寺，但大家互相尊重、相安无事。大回村历史已达七百余年，现有穆斯林一千二百余人。“民族生态示范村”小回村现有穆斯林一千二百余人，为伊斯兰教“格底目”派。葛

远眺纳家营清真寺

家营（上回村）有六百余年历史，现有回族一百余人。下回村是一个回族穆斯林聚居村庄，有一千三百余人，有纳、马、合三大姓。通海县城元代就有回族聚居，有一条街叫“马家巷”，党的十一届三中全会以后，本县乡村和外地穆斯林大量涌入县城，办企业、做生意，现有一千余人，20 世纪 80 年代中期开始筹建清真寺，并举办圣节活动。近年来经过大家努力，新建了县城清真寺，圣节有了更好的举办场所。

七百多年来，通海七个回族村镇的八所清真寺每年都坚持举行圣节活动，纪念穆罕默德圣人。各清真寺的圣节时间基本上都是定在冬季，这是因为秋收后农家谷满屋、粮满仓，并且有一段相对长的农闲时间，历史以来形成了这样一种惯例。各清真寺无论大小、人口多少，都互相尊重，在时间上互不相重，轮流交叉做圣节。每个清真寺的圣节活动基本上都是两天半或三天，中间那一天为正日子。

隆重的圣节

党的十一届三中全会以后，党和国家的民族宗教政策得到了充分的贯彻落实，也给通海穆斯林的圣节带来了喜讯，特别是经济的长足发展，让通海的回族穆斯林有了良好的经济基础和条件去筹办圣节活动。一旦圣节时间确定了以后，各清真寺都分别发出各具特色、图案新颖、做工精致的邀请函或请柬，有的清真寺是在请柬上把本清真寺的简介、圣节时间以及为阿文学生举行毕业典礼等活动一并写在请柬上；有的清真寺是在写明举行圣节和学生毕业典礼的同时写上一两段《古兰经》、圣训；有的清真寺是在邀请函上写明在举行圣节活动时还要举行“圣纪论坛”，请专家学者围绕“传承穆圣品德、构建和谐社会”开展讲座，诚邀各地穆斯林光临。纳家营清真寺 2004 年的圣节在邀请函上写着：

滇中纳古，山环水绕，人杰地灵。吾祖赛公，抚治云南，在任六年，兴文教，修水利，办屯田，轻徭薄赋，泽被斯民。四世祖纳速鲁，出任临安府都元帅，其子孙几经迁徙，定居狮山脚下，杞麓湖畔，仕农工商，多业并举，建功立业，代有传人，历经

纳家营清真寺

七百余载。清真古寺，始于元代，几经扩建，渐成名寺，凝聚人心，弘扬圣教，传播文化，促进和平。时至今日，人丁兴旺，适逢佳节，礼拜大众，接踵摩肩。欣逢盛世，政通人和，工业勃兴，商贸活跃，经济繁荣，社会安定，广大穆民，虔诚举意，慷慨解囊，斥资三千余万，历时三载有余，建成斯寺，四座尖塔，高耸入云，建筑面积，万余平米，气势恢宏，规模之大，中国前茅。国庆佳节，普天同乐，借此机会，诚邀各级领导，各界朋友，各地教胞，本镇侨胞，相聚一堂，参加大寺落成典礼、篮球竞赛活动、阿文学生毕业仪式，共庆穆圣诞辰。纳家营清真寺全体教胞，翘首以待各位宾客，共叙友谊，同谋发展，共享节日快乐！

清真寺管委会为了举办好圣节等活动，每次都要认真准备，先是成立筹备办公室，召集各界知名人士到各企业厂家挂功德，按5000元一头牛计算，企业主们或三万五万，或十万八万，踊跃捐款，每次都能筹集到上百万元，除去圣节的开支还略有结余。另外，设立若干个小组，并将各组的职责和成员名单在广播里宣读，在清真寺门外张榜公布，比如宣传组、买牛组、科牛（对每一条牛估价、估斤头）组、宰牛组、煮牛菜组、买柴米油盐酱醋茶小组、买菜组、洗碗组、切冷片儿组、洗小菜组、切小菜组、炒菜组、配菜组、煮饭组、抬菜组、相帮组、招待组、接待组、交通治安组等小组，全村男女老幼齐上阵，每个人知道自己在哪个组以后，都积极认真地去为圣节活动做大量的义务活计。

一切准备工作就绪后，隆重的圣纪节盛会如期而至。圣节活动开始当天早上，广播里就播放着旋律优美的赞圣声音，阿訇们在大殿里开经赞圣，各小组成员在自己岗位上忙碌着，村民们和各方的来宾们互道平安，祝贺节日快乐，等待就餐，一般清真寺都摆放着上百张桌子，纳家营清真寺则摆放着350张桌子。纳家营清真寺近年来，每年圣节都宰了上百头黄牛。2004年还宰了20峰骆驼，

2005年宰马鹿，2006年宰牦牛，大宴宾客，连续几年每餐都要招待数万人。2004年的那一次圣节每餐招待人数达8万余人，连续三天，那热闹的场面，让人终身难忘。圣节期间，诵《古兰经》，赞主、赞圣，阿訇讲“卧尔兹”每天都有。正日子那天中午还要举行穆圣诞辰周年大会，会上党政部门领导讲话、祝贺圣节隆重举行，接着举行阿文学生毕业典礼，颁发毕业证书，对学生们几年的辛苦学习给予肯定。

回族穆斯林历来都尊重客人，认为客人来了是把福祉带来，所以每一个清真寺圣节都让客人优先就餐，把客人招待好，本地穆斯林大众在后就餐。下回村清真寺在招待客人有序安排上是值得我们学习的榜样，从20世纪80年代中期至今，几乎每年我们都去参加下回村清真寺的圣节，客人被主人热情地从前大门迎进餐厅，吃完饭后从后大门出来，之后被村民们邀请到家中吃水果、瓜子、点心，叙叙友情。在圣纪节那些美好的日子里，四面八方的客人带着笑容，满面春风应邀而至，欢度通海穆斯林的盛大节庆，其乐融融，谱写了一曲各民族大团结的美好诗篇！

❶ 纳家营清真寺大门

❷ 纳家营清真寺圣节——毕业典礼

通江达海

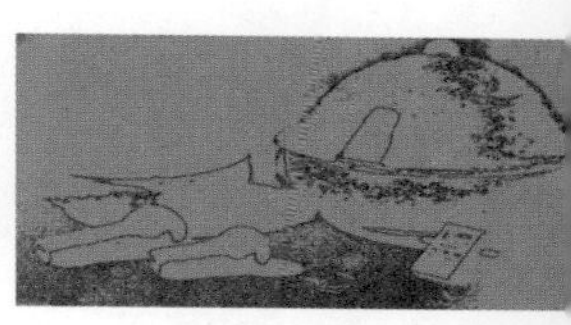

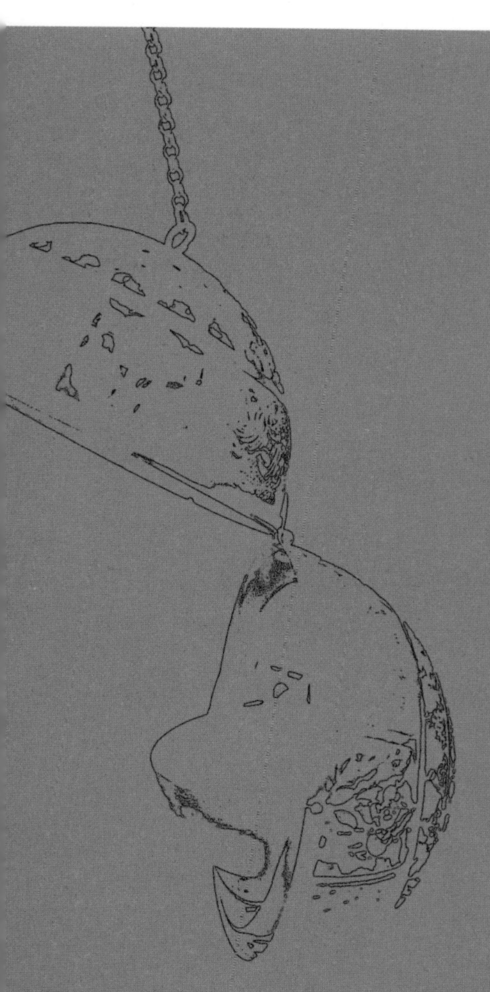

明清两代，大批的江南弟子进入山明水秀的通海，许多文人雅士、工匠艺人在这里找到了他们发展的新天地，先进的生产技术和科学文化也随之进入，手工业有了前所未有的发展。心灵手巧的通海人创造了许多伟大的奇迹，丰富的商品、便捷的交通让富商巨贾们在这里充分发挥着他们的聪明才智。从此通海马帮不绝，商号林立，货物云集，各种货物"通江达海"，成为当时云南重要的商品集散地和交易中心。繁荣、热闹的通海城被誉为"小云南""小昆明"而享誉上百年。

老拨云堂——1728 年的药店

一种奇怪的眼药，竟然被作为神圣的贡品，送到皇帝面前。这个似乎充满了魔法的事件，发生在清代光绪元年（1875 年）。此后，生产这种眼药的“老拨云堂”成了名扬中外的老字号药店。

1875 年，云南开化（今文山）总兵夏豹伯因长年征战，患有严重的眼疾，见风流泪，睁眼无光，红肿流脓，美好的世界在他眼前已逐渐隐退，他几乎绝望了。这时，他听说有一种名叫“拨云锭”的眼药，可以帮助他走出黑暗。他便让侍卫把他扶上战马，来到通海古城，见到了沈元能。沈元能拿出“拨云锭”为他施治，让他在休憩状态中体验到了如梦一样美妙的境界。“拨云锭”刚一接触他的眼睛，他的眼珠就露出了清澈的光芒，他看到了天空、大地和花朵。几天之后，夏豹伯的眼病完全痊愈了，他如同进入了明亮的天堂。他欣喜万分，发自内心地赞美“拨云锭”是人间神药。不久，夏豹伯进京面圣，所带的贡品只有几袋 “拨云锭”。皇帝当然不敢轻视这种来自滇边的“神药”， 他让皇室内凡有眼疾的人前来“换眼”。那些双眼蒙眬的人，一涂上“神药”，立即“云开雾散”，如同获得了一双新的眼睛。从此，“拨云锭”被朝中要员视为皇宫

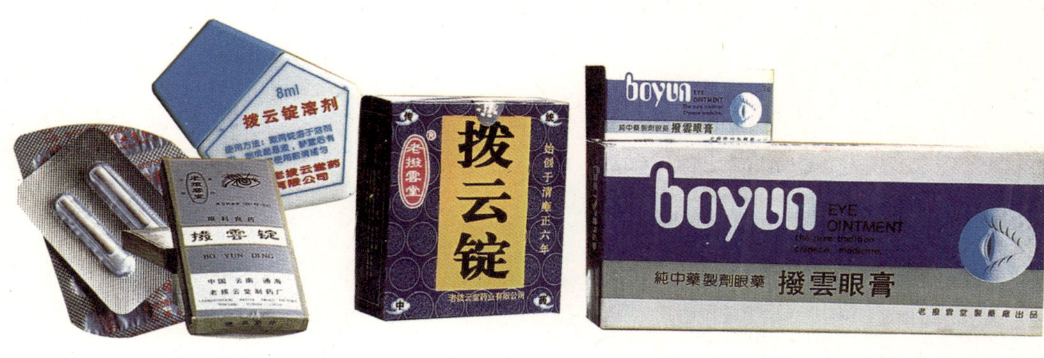

老拨云堂产品

宝贝，相互馈赠，并题联礼赞：“拨翳抽丝眼光若电，云开雾散医道通神。”

其实，沈元能已是“拨云锭”的第八代传人。据《云南通志》《云南卫生志》等有关资料记载，“拨云锭”传到沈元能手上时，已有150多年的历史，属于古老的事物了。沈元能的祖辈沈育柏早在雍正年间就发现他从山林和岩洞中采来的10余种中药，经过15至20道工序后，就变成了一种异常灵验的眼疾良药——“拨云锭”。那些暴发火眼、目赤肿痛、飞尘入目、风痒流泪、混沌不清的人，取少许“拨云锭”，滴入眼里，立刻感到眼内清凉舒适，脏物驱散、红肿渐消。同时，“拨云锭”对无名肿痛、内外痔瘘、牙齿疼痛也有神奇的疗效。清代道光年间的《通海县志》也载：“沈育柏，天性轩朗，书法爽健，壮游省会。谓可以利人济物者，莫如医术。于是广求良方得眼药秘传，归来益加研制，加工维精，逐以眼科名世。凡所医者，无不应手奏效。”凭此奇效，“拨云锭”深得当地百姓喜爱。雍正六年（1728年），通海县令为沈家药店题名，首开云南制药之先河。此后，“老拨云堂”名扬天下，与北京同仁堂、天津达仁堂、杭州胡庆余堂等著名老字号药店并称“中国四大名堂”。1900年，“拨云堂”北上昆明，在武成路开铺。此时的“拨云堂”已被人们加上了一个具有古风意味的“老”字，它的“拨云锭”“拨云复光散”“拨云珍珠丸”等眼科圣药，以及万灵丹、十全

❶ 这是白发老翁所赐的“神钵”，流传至今，被“老拨云堂”视为无价之宝

❷ 通海百年老字号老拨云堂销售点

丸、平胃散、跌打膏药等中成药，通过茶马古道中的迤东、迤南和迤西等三条干线的马帮，带到全省各地，流向新疆、青海、甘肃，并远销越南、缅甸、泰国，再由这些国家的商人转销到新加坡、马来西亚、澳大利亚等国家。短短几年时间，“老拨云堂”的规模扩大数倍。民国初年，时任云贵总督的唐继尧对“老拨云堂”也大加赞赏，亲自颁发奖状一张以示鼓励。1949 年前，沈氏子孙所开的药店已发展到 8 家，年产“锭子眼药”300 万锭。新中国建立后，中央人民政府对“老拨云堂”生产的“锭子眼药”很重视，对它进行了科学化验和实验，证实了它的科学疗效，于是给“老拨云堂”颁发了注册商标证书，支持沈氏子孙按照祖传秘方发展生产。1990 年 6 月 23 日，老拨云堂创建 262 周年纪念会在人民大会堂召开。杨得志和杨成武将军到场祝贺，他们分别为老拨云堂亲笔题词“历尽沧桑老字号后继有人，励精图治拨云堂又增新辉”和“中华精粹更光辉”，以褒扬老拨云堂为祖国传统医学所做出的贡献。1999 年 12 月，中华人民共和国国内贸易部授以老拨云堂“中华老字号”

称号。2006 年 9 月，由中国品牌研究院公布的《首届中华老字号品牌价值百强榜》上，“老拨云堂”又赫然名列其中。

从根本上说，中华民族是个热爱传统的民族，对那些既符合儒家正统思想，又能显示出种种神秘力量的古老事物，非常赞赏、非常迷恋。在这种精神状态下，人们认为，当某种技艺发展到可谓高超的阶段时，技艺就不再是技艺了，它一定得到了神灵的帮助，达到“技艺通神”的地步了。在通海古城，由于人们对“拨云锭”的神奇想象，对它的来历，也有一个不可磨灭的美好传说——

清代雍正年间，在通海古城文昌街上，有一户以行医为生的沈姓人家。户主沈育柏性格开朗，知书达理，乐善好施，不求仕进。他平日跋山涉水，采药行医，广求良方，常做些扶危济困的厚道之事。一个隆冬的傍晚，一位衣衫褴褛、貌似乞丐的白发老翁，身染重病，命在旦夕，蜷缩在通海城中。沈育柏路过，见状大惊，急忙把老人背回家中，经过精心医治和细心调理，老人居然活了过来。几天后，老人病好了，临别时，顺手抓起沈家花坛里的一撮泥土，又搓又捏，竟成一个圆钵。接着又在墙上留下药方一张。然后对沈育柏说：

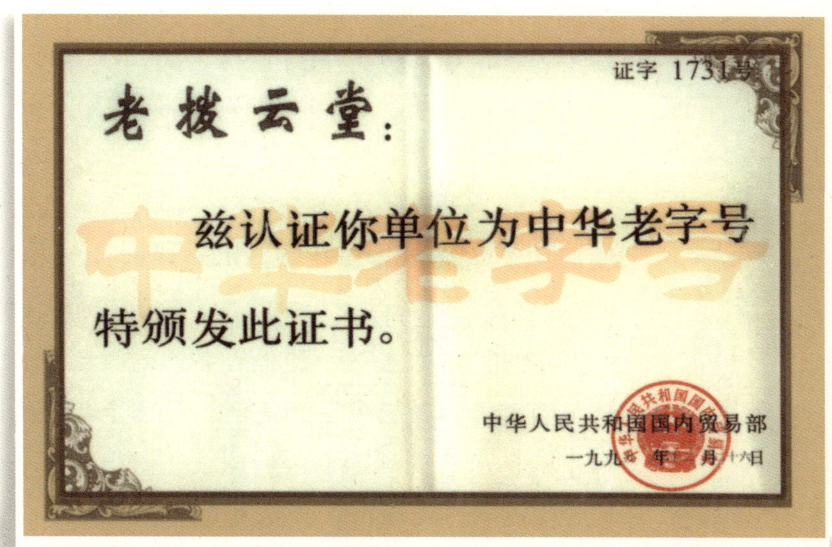
证字 1731号

老拨云堂：

兹认证你单位为中华老字号

特颁发此证书。

中华人民共和国国内贸易部

一九九 年 月十六日

1990年6月23日，老拨云堂创建262周年纪念会在人民大会堂召开，时任全国政协副主席的杨成武将军（左）正与沈永钢亲切交谈

先生果然品貌端庄，心肠慈善、扶危济困，今后可用此钵按方炮制眼药，普救众生。说罢出门，转瞬不见踪影。

原来，这位白发老翁竟是云南佛教圣地——大理鸡足山上一位精通医术的高僧。他云游到秀山后，久闻沈育柏的美名，便化为乞丐下山考查，果如所传，就将自己来之不易的民间眼科良方及制作方法赐与沈育柏，让他济世救人。得此秘方后，沈育柏选料唯精、炮制唯细，终于让“拨云锭”造福人间。

当然，与其他中华老字号一样，“老拨云堂”似乎也没有摆脱历史的宿命，几起几落，历经坎坷，在“文化大革命”时期，“老拨云堂”被迫停止生产，沈家第九代传人惨遭毒打，“拨云锭”的制药技艺差点失传。但世界各地的眼疾患者，就像渴求甘露一样，盼望着“拨云锭”的复活。在那个特殊的年代，竟有两千多封求购信从不同的地方传到沈家。信中的每一句话、每一个字都让沈家的人感动激奋、潸然泪下。

1984年，白发老翁所赐的“神钵”终于艰难地传到了老拨云堂第十一代传人沈永钢手里。沈永钢毅然献出了他们沈家世代相传的“秘方”，创办了一个集体所有制企业——通海县老拨云堂制药厂。驰名中外的“锭子眼药” 从此再现人间。人们奔走相告，当时的售药窗口常常排起了长队。

此后，古老的“老拨云堂”在历史的天空中，简单、笨拙地翱翔了二十多年，从集体企业嬗变为股份合作制企业，又从股份合作制企业嬗变为私营企业，而且产品达到了三十多个，年销售收入超过三千余万元。但它的“古风遗制”必然逃脱不了现代工业文明的无情冲击，它最终被淘汰的“前途”又一次被宿命地决定了。

为了走出这种“宿命”，摆脱它进入博物馆，成为人们研究和保护对象的悲惨命运。2002年12月31日，老拨云堂与云南烟草兴云投资股份有限公司、云南同仁实业公司，决心以具体行动来落实云南省委、省政府关于“加快发展云药产业的决定”，让云烟扶持云药，让云药提升云烟。因此，三家公司共同出资，组建了昆明老拨云堂药业有限公司。使这个从1728年走来的老字号药店，像梦一样，突然告别了困顿，实现了它的必然飞越。

沈永钢说：现在，老拨云堂已从传统的家庭作坊式的药店发展成了现代化的制药企业，拥有云南老拨云堂药业有限公司和昆明老拨云堂药业有限公司两家骨干企业，正在朝着把老拨云堂建成“中国最大的眼科药品基地”的战略目标迈进，“拨云”体系的眼药已在国内外医药市场走俏，品牌价值日趋显现，消费者对老拨云堂依然情有独钟，充满信赖。通海老拨云堂在它近三百年历史光辉的映照下，正闪耀着它固有的、更加迷人的光芒。

老拨云堂发行的邮票

百年银饰老字号

通海银饰文化源远流长，可上溯到元朝蒙古人入滇，已经走过了七百六十多个春秋。2009 年，云南通海民族银饰制品有限责任公司生产的，巧夺天工的孔雀珠宝首饰，荣获中国十大最具历史文化价值百年品牌。

一脚踏进通海县城历史文化街区——西街，我们便走进了一个银光闪闪的珠光宝气的世界。一个接一个的金银首饰加工和销售的小店便笑盈盈地欢迎你的光临。

还在远古时期，我们的祖先就发现了银。银，把中华民族的生活镀上了一层圣洁的月光般的霞光，走过了一个又一个世纪。

通海银饰文化已有七百六十多年的历史，银饰制作起源于元朝。到了明代，随着中原移民和文化的进入，中原手工艺精雕细琢的技法渗透到了通海银饰品的制作中，银饰除了美化与修饰作用，还承载了汉文化中吉祥文化的元素。清代中期，通海工匠制作银饰品已成规模，银在他们手上经过熔化制成所需型料，然后又经过拉丝、碾片、錾花、成型、焊接、表面处理和磨光等工艺，就变成了人们手上和头上戴的银光闪闪的手镯、戒指、耳环……清朝咸丰年间，云南通海民族银饰制品有限公司始创，光绪年间，县城梁姓

中华老字号

“元丰号”银楼制作的“三星”“八仙”“十八罗汉”银佛像和帽徽，工艺精致，造型逼真，信誉良好。民国时期，县城的银楼、店铺发展到十多家。生产的银饰品有：彝族的凤头针、六方手镯、领扣、梅花围腰链、小鱼耳环，蒙古族的大排衣扣、银角葫芦、银角扣以及汉族妇女、小孩的银饰品约八十个品种，两百多个花样。民国后期，通海的银首饰就已走进缅甸、泰国、越南等东南亚国家。

中华人民共和国成立后，党和政府尊重各民族的风俗习惯，把民族生活特需用品，当成加强民族团结、保卫边疆、巩固国防的一项重要工作。1956 年，通海建成银器社。然而，1958 年“大跃进”被兼并，银器制作成为某些厂家的“副业”。1966 年“文化大革命”，首饰又被视为“四旧”加以横扫，许多祖传的珍贵模具被销毁，原料被迫交出而停业。党的十一届三中全会的春风，吹绿了通海银饰制品这棵百年老

通海县省级金属工艺大师丁勇

云南省工艺美术“工美杯”精品评选金奖作品《繁花》

树。1980 年，通海民族银饰制品厂成立，厂房扩大了，设备先进了，国家每年拨给生产原料，工厂从此就不再饥肠辘辘，等米下锅。厂领导和技术人员三赴临沧、思茅（今普洱）、西双版纳等少数民族聚居地区，了解傣、佤、拉祜、哈尼等民族对银饰品的需求。梅光元、孔繁忠、钱云松到南京金属工艺厂学习银丝加工、无氢镀金、银、铬、镍等工艺。于是，一个又一个喜讯，像一只只吉祥鸟，从祖国的东西南北飞来：佤、傣、彝、藏各民族争购通海民族银饰制品厂的产品，供不应求。1982 年 3 月承接制作藏族银包木碗，8 月又为日本商人加工“长寿牌百家锁”250 套，日本商人直翘大拇指。10 月，69 个品种的银饰品参加北京全国民族用品展销会，产品受到中央领导人和外宾的高度赞扬；民族文化宫除买下他们的全部展品外，又委托他们再加工 19 种共 200 多个系列产品送往北京，加工总重量达一千两。

通海民族银饰制品厂的产品连连获奖：傣族银腰带 1981 年，获省百花奖；1982 年，获省轻工厅优秀新产品奖；1983 年，获云南省民族用品优秀产品、省优质产品、全国民族用品优质产品称号；新型代用品铜镀银腰带 1984 年获国家经委优秀新产品证书和金龙奖；1985 年，获省民族用品优秀产品、全国民族用品优质产品称号……2009 年，由通海民族银饰制品厂改制而来的云南通海民族银饰制品有限责任公司生产的，巧夺天工的孔雀珠宝首饰，在文化部、广播电影电视总局、新闻出版总署和北京市人民政府组成的文博会组委办公室与新传媒产业联盟、中国经济报刊协会、新传媒网主办、中国电子商会、中国版权协会、中国知识产权研究会、亚太动漫协会、中国少数民族文化艺术基金会联合主办的第二届新媒体节上，荣获“2009 中国十大最具历史文化价值百年品牌”。

改革开放以来，通海民族银饰制品厂（云南通海民族银饰制品有限责任公司）在产品获奖的同时，企业也多次受到国家民委、原轻工部、云南省人民政府的表彰。云南通海民族银饰制品有限责任公司被授予“中华老字号”称号，被评为“全国民族特需商品定点生产企业”。通海民族银饰制品厂（云南通海民族银饰制品有限责任公司）的名字，频频出现在《人民日报》《云南日报》《春城晚报》《云南经济报》等报刊上。

1987 年 9 月 7 日，《云南经济报》发表了云南省人民政府经济技术研究中心特约研究员卢登谷赠通海民族银饰制品厂诗一首。

精　工

通海传统工艺精，巧夺天工意纵横。
孔雀开屏百花艳，南疆边民笑语频。

云南省工艺美术“工美杯”银奖作品《彩蝶迎春茶叶筒》

通海银饰制品的能工巧匠，不仅能做银首饰，还能做金首饰。加工、销售金银首饰的小店遍布通海城乡。通海民间艺人制作的金、银首饰，风格独特、工艺精良、精巧美观。通海县民族银饰制

品厂具有加工金首饰的能力，1984 年，就经国家有色金属总公司鉴定并认可。果不其然，他们生产出来的金项链结构细腻、纹样清晰、玲珑剔透，可与上海产的金链媲美，怎么可能不让顾客争相购买呢？

谁不想把自己，把亲人打扮得漂漂亮亮？谁不祈求自己和亲人吉祥如意、幸福安康？“爱美之心，人皆有之。”这不仅是说我们每一个人都对自己之外的美丽的、美好的人、事、物的爱，还涵盖了我们每一个人都对自己形象美的追求。

我们常说：“三分的人才，七分的打扮。”人要美，是离不开打扮的。数百年来，通海银饰不仅满足了边疆少数民族祈求吉祥如意的愿望，也把边疆少数民族打扮得银光闪闪、熠熠生辉、鲜亮夺目。满足了她们对自己、对亲人形象美的追求。

❶ 摆件《盛世吉祥》

❷ 通海传统银饰品

“天下第一刀”

1992年初，中央军委主席江泽民签署命令：“中国人民解放军陆海空三军仪仗队自10月1日起，执行队长和分队长佩用仪仗指挥刀。”此种指挥刀是中央军委确定的中国人民解放军三军仪仗队、中国人民武装警察部队、天安门国旗护卫队等军队仪仗专用产品。这种被称为“振国威，壮军威”的指挥刀是怎样铸就的呢？

早在1834年，俄国首次在马刀的基础上改装成“高加索式”的指挥刀，在仪仗司礼中佩戴，首开仪仗指挥刀的先河。之后已被世界各国普遍采用，而在我国还是头一次。我国三军仪仗队从成立到1992年国庆节前，执行队长只行徒手礼，显然不如举刀礼庄重，这是改用指挥刀的原因之一。另一背景原因是，我国是武术发源地，自古与刀剑有不解之缘，从某种意义上讲，这次改革也是传统的再现。因此，对指挥刀的制作，无论在设计、工艺、寓意、内涵等方面都有很高的要求。

任务下达后，其中负责此项工作的查振山同志四处奔波。他们先到中国军事博物馆找来了法国、日本、美国、瑞典、意大利等国的仪仗指挥刀资料，并根据我国国情、军情和民族特点等，设计出了三种指挥刀图案，然后找了许多军工企业和刀具生产厂家，这些单位均因质量要求高、工艺要求新等原因而无法承做。

无奈之中，他们想到了以做“澜沧刀”“户撒刀”而闻名全国的云南边陲，他们带着“中国人民解放军总参谋部军务部的证明”来到当时的昆明市万成特种工艺厂，证明书上写的是：“兹介绍查振山同志前往你厂联系定制中国人民解放军仪仗队军刀事宜。届时请接洽。1992 年 6 月 11 日。”

但是，昆明市万成特种工艺厂只能做刀鞘、刀柄、刀盒，对于主刀部分的制作仍然无能为力。最后，在云南省军区的帮助下，他们来到了赫赫有名的“云南刀具之乡——通海县纳古镇”，找到了纳汝超。

纳汝超是当地著名的刀匠，现年 60 岁。他说他父母在新中国成立前就是纳古做刀做枪的名师，他从小就跟随父母练就了打铁制刀的本领。他 30 岁时，有一天，到江川县办事，看见一个年青人骑着自行车，手里拿着一对宝剑，70 多厘米长，

纳古刀匠——马同林（后排右一）、马永恩（前排左二）

是一对雌雄古剑。当时，他惊呆了，那正是他梦中所见之物。剑身撰刻为“大清乾隆年制”，装具为“大清乾隆年造”。那个骑着自行车的年轻人刚好在他面前站住，使他获得了仔细欣赏的机会，他看到那把雌雄古剑的装具全是手工镂空的金龙，栩栩如生，相当精致。剑身密布交织的网纹，一毫米的长度竟达十数根之密集，全剑长度大约为660毫米，正反用手工错出来的交叉线达15000根，两把剑则接近30000根。一平方毫米为16个格子，两把剑接近50万个小方格。这50万个方格网纹排列绝对分明整齐，均匀遍布于剑身，是工匠全手工一根一根挑出来的，其工作量之巨大，工艺之高超精湛、标准，令人叹为观止。最为刺激的，是剑身上追逐七星的四条嵌金龙，赫赫然竟为五爪。大清乾隆帝在位时除九五之尊外谁人敢以顶上人头摆谱、自己制造嵌有五爪金龙的宝剑？

从那天开始，纳汝超才感觉到自己真正爱上了打制刀剑这一行，

通海县省级金属工艺大师纳文鹏制作工艺刀具

他买来了许许多多关于刀剑文化的资料和书籍，不停地阅读和钻研。他知道了，从石器到金属器的制作，是人类文明的一个重要转折点，因为原料取得与加工技术等种种原因，人类的金属时代均以青铜为开端，而古代的中国人所掌握的青铜加工技术，曾经是世界的最高峰，包括了取料、冶炼、合金、制模、浇铸、研磨、表面处理、细加工，样样都执世界之牛耳。即使现代的科技能够在许多部分超越古人，其实还有许多技术与工艺，仍然是未知的谜，仍然使现代人瞠乎其后。纳汝超说，世界上的相关学者，都知道青铜器的最高峰在中国，但世界只知有日本刀，不知有中国刀。在世界的文明史中，只有一个民族能够从青铜器的高峰直接迈到钢铁器的高峰，那就是中华民族。事实上只有中国人，早在两千五百年前，就已经掌握所有钢铁科技的尖端技术。如今，无论是剑或刀，在中国人的文化中都有极其重要的地位，尤其是剑。纳汝超接着说，古时候，制剑的技术是当时世界上最尖端的科学，也是最神秘的魔术，著名的铸剑师具有如同国师一般的地位，可以驱使国君为他兴筑炼铁的高炉，可以牺牲活人为他的作品献出生命，铸出的名剑，成为国君的珍藏，价值连城，最珍贵的宝石珠玉，都用来作它的陪衬。甚至，就有如今日的导弹一样，它的数量也充分代表了国力。名剑也是文人歌咏赞颂的对象，即使文人对制造它的技术一无所知，仍然以优美的词藻夸张地描述着它的美丽、它的精神，还有它的神力。然而这也使得中国人在之后一直迷迷糊糊，不知道哪些描述是真、哪些是假，而历代的迷信，更使它蒙上层层的面纱。今天的中国人，早已不知刀剑，既不知道它们昔日的辉煌，也不在乎它们如今的朽烂。一心要建立尊严的中国人，其实从来没有正视过自己的尊严问题。

纳汝超决心通过自己的劳动，弘扬本民族的刀剑文化，制作出一批或者哪怕是一把能赢得中国尊严的刀剑。

这一千载难逢的机遇终于来到了他的面前。

精巧雅致的茶刀

1992 年 6 月 15 日，云南省军区军械处的介绍信呈在了他手里：兹介绍我部查振山等同志前往你厂联系打做三军仪仗队指挥刀三把（样品）。请予接洽并协助办理为谢。

那一年纳汝超 42 岁，正是年富力强的时候。他说："我虽然没有当过兵，但怀着对祖国、对中国人民解放军的崇高感情，我们尽最大努力也要把指挥刀做好。这也是为国争光、为通海人民争光的大好机会。"他表示，只要将制作纳古宝剑的传统工艺与现代科技相结合，技术上的难关是可以克服的。

他找到了多年合作伙伴——河西镇石山嘴铁匠营的吕发儒。他们两人认为：从越王"勾践剑"到华夏"九狮刀"，刀剑在中华民族的历史中可谓有着特殊的意义。一把体现国威、军威的三军仪仗队指挥刀的诞生并非易事，他们从来没有做过这样精致的指挥刀，因此只能依照从中国军事博物馆借来的法国、泰国的仪仗刀和中国人民解放军的马刀，开始了艰苦的试制。他们没有现成的设备，更没有一张机械模具图纸。这一道道难关，必须一个个地闯。

制作中，工艺上的复杂是可想而知的。

相传吕发儒的祖上是造刀技术能手。他的爷爷曾为杜文秀的起义军造刀两千把。那些刀，能劈开装满铁珠的竹筒，被誉为神

❶工艺刀剑

❷厨具刀

刀。从吕发儒口中可以知道他爷爷造刀的主要诀窍在于掌握了精湛的钢刀淬火技术。他继承祖业，也能够辨别不同水质对淬火质量的影响，并且选择冷却速度大的纳古古井的水，把钢刀淬到合适的硬度。

这里还流传一个故事呢，说的是纳古镇有一口古井，井中的水具有“清、纯、净、凉”四大特点，是纳古人炼剑淬火的上好水。纳古的刀剑之所以名扬四海，就是因为用了这种水。现在，为了使指挥刀更具有坚韧、洁白、铿亮、不锈等特点，吕发儒来到纳古镇，亲自挑来那口古井里的水，炼刀退火定色。

淬火的问题解决了，新的难题又来了，那就是指挥刀中有一支香烟般大小长 60 厘米的血槽。如果采用手工，从来没有这样的制作先例；采用机械操作，无基准面，又连模床都解决不了。经过反复研制，最后，聪明的纳汝超运用传统工艺制作而成。

好不容易第一把样刀出来，但他们发现镀光工艺还不尽如人意，于是返工重做。第二把样刀出来，他们觉得刀把在使用时还有点磨手，再一次返工……反复多次后，一把传统工艺和现代科技相结合的样刀终于成型。

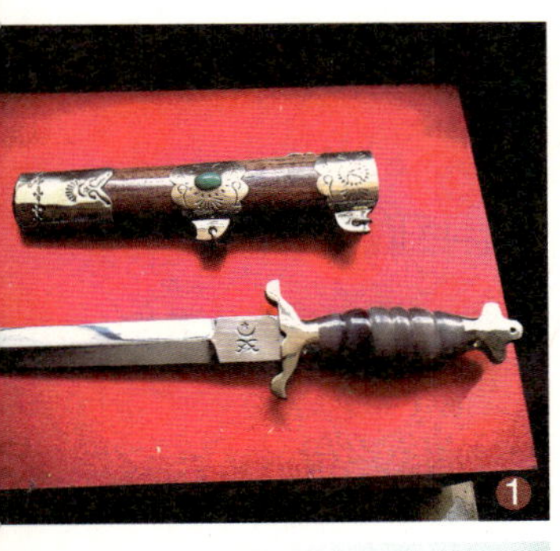

天下刀剑无数，但就是纳汝超他们与昆明市万成特种工艺厂打制的这三把样刀与众不同，它们是三把千锤百炼的刀、三把和平的刀，每一个细节都蕴藏着深刻的内涵。

之后，科研人员带着样刀，又到了浙江省庆元县中山帽厂附属宝剑厂，找到了时任该厂厂长兼书记的沈从岐。沈从岐北上北京，南到福州，又先后去上海、温州、杭州等同行厂家讨教生产工艺技术。1992 年 7 至 8 月他九次携试制品上北京，九次未被通过。9 月 6 日，他第十次赴京，经过十次改进的宝刀终于得到了时任国家主席杨尚昆、解放军总参谋长迟浩田等领导人和专家一致认可通过，仪仗队官兵们对此刀更是爱不释手。我军历史上首批军用指挥刀诞生了。

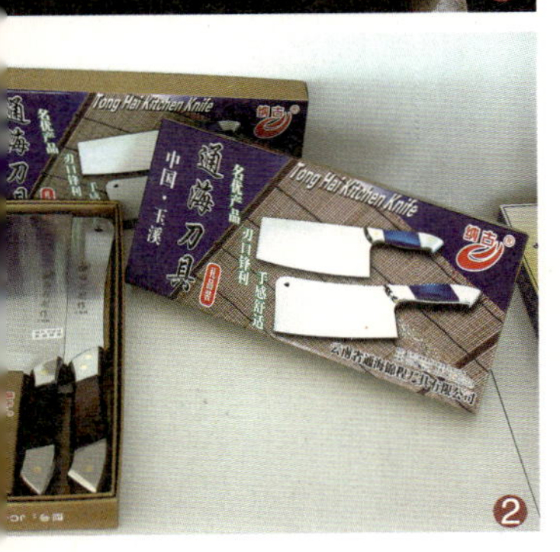

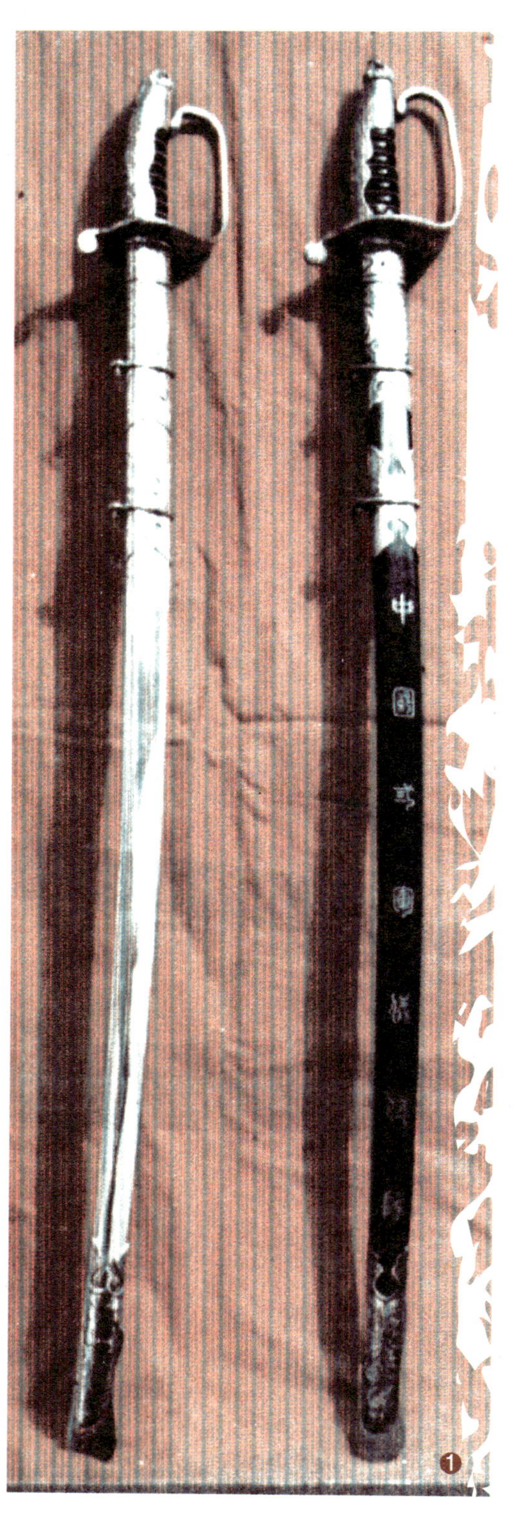

主刀用原钢经过千锤百炼和高温电镀而成，坚韧洁白，锃锃发亮，永不褪色，象征着中华民族的伟大、中国人民与世界各国人民的友谊交往及纯洁的感情。刀上刻有“中国人民解放军仪仗队”十个方方正正、金光闪闪的大字，象征着人民军队是保卫祖国的坚强柱石。

护手用黄铜铸造而成，外形像一只金光闪闪的凤凰，侧看又似一只和平鸽，正展翅欲飞，体现着中国人民热爱和平、维护和平的愿望以及“平等、和平、发展”的主题。象征着中华民族热爱和平，把幸福带给人类。

手柄采用花梨木制作，外用棕色牛皮和金丝包扎，象征中华各族人民孜孜以求、勤奋上进的无私奉献精神。

刀鞘采用合金钢抛光镀镍而成，美观大方。鞘上刻有一条绚丽夺目的巨龙，象征着中华人民共和国在改革开放的大好形势下正值腾空万里，飞跃前进。从侧面看，巨龙又似万里长城，是中华民族的象征和骄傲。龙底下横格暗似万里长城，象征着中国人民解放军英勇善战、所向无敌，是保卫祖国的钢铁长城。

我军历史上首批军用指挥刀就这样诞生了。这把刀采用直线型，长100厘米，比法国的短2厘米，比泰国的长10厘米，以适应我军仪仗队员身材等的要求。刀宽2.5厘米，较法国的宽3毫米，以增强使用时的感观效果。刀重1.65千克，刀护手宽11.5厘米。

1992年10月4日，南非总统、非洲人国民大会主席纳尔逊·曼德拉飞抵北京，对中国进行友好

❶ 1992年纳汝超打制的中国人民解放军仪仗队指挥刀样品

❷ 水果小刀

❸ 工艺刀具

访问。当天下午，在人民大会堂中央大厅里，焕然一新的三军仪仗队接受检阅。

国歌奏毕，仪仗队执行队长一声："向右看——敬礼！"三把军刀从陆海空三军分队长手中脱鞘而出。执行队长转身面向曼德拉主席，拔刀而出，一个特定的撇刀动作后，正步向前，在距曼德拉八步远的位置上，举刀敬礼。

"唰——"一道耀眼的白光瞬间到点定位。"主席阁下，中国人民解放军仪仗队列队完毕，请您检阅！"

曼德拉主席满面笑容，激动地挥手致意。他知道，这个军刀礼是中华人民共和国迎宾礼仪中的最高礼节，而他有幸成为享受这一礼节的第一位外国元首。

从纳尔逊·曼德拉以来，迄今已接受了五百多次外国元首的检阅，有多位党和国家领导人及社会知名人士先后为其题词。

原国家主席杨尚昆、中央军委副主席刘华清、国防部长迟浩田、总参谋长张万年等领导人见过刀后都一致称赞，迟浩田还欣然题词：威武文明、壮我军威。这把刀从此被称为"天下第一刀"。

纳汝超他们参与打制的"天下第一刀"，是国威和军威的象征，见证了中华民族历史上许多伟大而庄严的时刻。其中具有重大历史意义的是共和国五十周年庆典大阅兵、香港回归以及澳门回归。

"天下第一刀"是块金字招牌。之后，中国人民解放军某骑兵部队慕名而来，请纳汝超帮助打制了六百把异常精美的战刀。

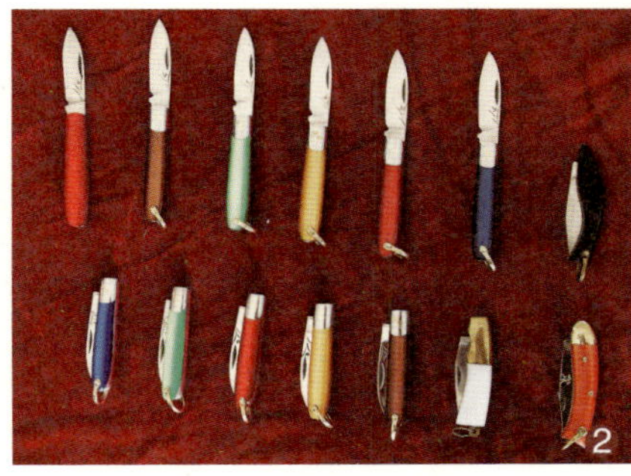
2

3

神奇的豆末糖

通海饮食文化源远流长，以食材选料精细、烹饪技术精湛、香色味俱全在明末清初就誉享四方，品尝通海美食是外地人到通海的一大愿望。在通海古城，可作为“文化遗产”的豆末糖，依然是一种保持着独特手艺的温馨产品。

这是一种难以用语言描绘的“糖”，它的形状扁圆、长条；它的内部结构，罕见的复杂，一层又一层，层层包裹，美妙无比……每层之间，含有香甜的黄豆粉末，每层之间的“膜”，白如乳……薄如纸……入口即化……它的颜色很迷人，黄橙橙的。更重要的是，它的甜美不可思议，它的喷香无法表达……让人难以想象的是，它那种不可比拟的酥与脆的个性特征，是如何摇身一变、显现人间的?

许多年以前，一个远方的客人来到通海古城的一个与外部世界格格不入的古老的作坊里，一对老夫妻正在制作一种据说非常畅销的糖。那里的光线、流程、对话、动作，都极其缓慢，缓慢到了什么都能生长出来的地步。当然，那种糖的生产秘密，老夫妻是不会让人窥见的。他们说：这个秘密，在通海的孔氏家族史上，已经保存了两百多年了。老汉还示范性地把一块豆末糖，投入自己的嘴里，然后示意来访者也吃上一块。糖到了来访者口里，变成了一阵烟雾，历险似的喷出了少许。瞬间，一种不可抗拒的甜味，倏地传遍了他的全身，像一道电流，使他的肉体突然达到了某种高潮。紧接着，来访者凭着自己对豆末糖超凡脱俗的感悟和体验，一口咬定，这就是通海最正宗的豆末糖，一种黄色扁圆的散发着醇正之香的豆末糖，一种散发着魔幻色彩的豆末糖。来访者在兴奋中购买了一大包，他要把这种神奇的豆末糖带到很远的地方，馈赠亲朋好友，让他们“领教”一下这种来自边远古城的食品给他们带来的唇齿之间彻底被香甜所掠夺的快感。

这种糖名叫“孔氏豆末糖”，早在清代光绪初年就已驰名云贵高原。到了民国年间，通海古城已有五家作坊生产豆末糖。20 世纪 80 年代，“豆末糖”进入它的黄金时代，国

❶ 香甜酥脆豆末糖的加工过程

❷ 豆末糖

内许多城市及东南亚的一些国家迅速出现了一大批“豆末糖”的迷恋者，他们“甜蜜”的日常生活开始对豆末糖形成一种依赖，使通海豆末糖的销量与日俱增。“豆末糖”从此成为通海古城的一张成熟的金色“名片”。其实，它的原料很普通，主要有黄豆和饴糖（经过糖化加工的米糖）。但制作过程很复杂，先用黄豆炒熟磨成面粉，再用饴糖与之混合，经过几十道工序，扯成面中有糖，糖中有面，层层叠叠，丝丝入扣，二者巧妙地合为一体。这种劳动像魔术一样，充满了悬念。特别是在饴糖保持着一定温度的刹那间，要一边叠层，一边加入豆末，然后拉条、切割……环环推进，一丝不苟，敏锐地领悟和捕捉饴糖与豆末结合时所需要的最佳时间和技术秘诀。经过一番“出神入化”的“历练”之后，豆末糖就“显身”了。

豆末糖的起源，对于现代通海人来说，一直是个诱人的“不解之谜”。20世纪80年代，曾经把“九龙池豆末糖”推向全国，使之成为全国知名品牌的杜华武师傅，在民间做了比较深入细致的调查研究之后，终于拿出了一个属于他个人的伟大“猜想”和“经典版本”。

据传，豆末糖最早出现在元代。1253年，蒙古铁骑入滇，由于常年作战，远征奔袭，不能携带更多的食物，只好将炒面和红糖作为干粮，同放袋内。行军途中，因反复颠簸，炒面与受潮的红糖搅混在一起，形成层层相裹的块状食品。将士们发现，这种面与糖自然包裹在一起的东西，不但美味可口，而且食用起来极其简单、方便。此后，将士们便有意把面和糖揉和在一起，使之逐渐演化为军中的一种独特干粮。后来，蒙古大军开驻通海，这种“干粮”便流传于民间。这大概就是豆末糖的雏形了。

此后数百年，经过当地历代手工艺者们的想象、加工、提炼，并冠之以“豆末糖”之名，从而使之在商贾云集的通海古城，走完了从军中干粮到地方传统美食的浪漫历程。

醉人甜白酒

通海甜白酒来自一个神奇的传说，甘甜清冽的甜白酒吸引了多少南来北往的客人，如今它已成为曲陀关的一大产业。来到曲陀关，品尝着美味的甜白酒，不知不觉就醉了。

每次经过通海曲陀关，看着琳琅满目的甜白酒招牌从眼前飞逝而过，不知不觉就醉倒在这个甜蜜的山岗上。甜白酒给人的记忆是那样深刻，深刻到每当听到“甜白酒”这三个字，就会有昏昏欲醉的感觉。

曲陀关的甜白酒为何如此清冽甘甜，主要是因为酿造甜白酒的水源来自一潭名为马刨井的清泉，泉水常年四季喷珠吐玉，水源丰富、清澈见底。马刨井的得名，来自一个神奇的传说。公元1253年，元世祖忽必烈带领蒙古族大军征战来到曲陀关，险峻的山道上荒无人烟，人困马乏，饥渴难耐，正在无计可施的时候，忽必烈骑的高头战马在悬崖上扬蹄嘶鸣，马蹄不断地在地下翻刨，尘土飞扬。不一会儿，马蹄刨出了一个小凹塘，泉水滚滚而出，供人马饮用，这就是“马刨井”的来历。这潭神奇的泉水，激励了军心，蒙古族的骑兵“日夺三关，夜袭八寨”，取得了胜利，“马刨井”从

甘甜清冽的马刨井山泉水酿就了曲陀关甜白酒

此成为云南蒙古人的生命源泉。之后元朝在曲陀关设临安、广西、元江等处宣慰使司都元帅府，掌管滇南军政要务。如今，都元帅府已不复存在，而生命源泉马刨井至今依然清泉依旧，在曲陀关绿色的山腰汩汩流淌，泉水清甜甘纯，用来酿甜白酒最好不过。甜白酒表面微泛橙黄色、透亮晶莹的汁液，连着那只能见其形，实已全部化了的糯米饭形颗粒，一看就叫人眼馋。

通海甜白酒的制作用料主要是糯米、甜酒药、泉水，制作方法：一是浸泡：将糯米洗净，浸泡 12 到 16 小时，至可以用手碾粹即可；二是蒸饭：在蒸锅里放上水，蒸屉上垫一层白布，烧水沸腾至有蒸汽。将沥干的糯米放在布上蒸熟，约一小时。亲自尝一下就知道了。没有这层布，糯米会将蒸屉的孔堵死，怎么也蒸不熟。尝一尝糯米的口感，如果饭粒偏硬，就洒些水拌一下再蒸一会。三是淋饭：将蒸好的糯米

端离蒸锅，冷却至室温。间或用筷子翻翻以加快冷却。在桌子上铺上几张铝箔，将糯米在上面摊成两三寸厚的一层，凉透。在冷却好的糯米上洒少许凉开水，用手将糯米弄散摊匀，用水要尽量少。四是落缸搭窝。五是培养成熟：将盆置于 30~32 摄氏度的恒温箱中培养 24~48 小时，如果米饭变软，表示已糖化好；有水有酒香味，表示已有酒精和乳酸，即可停止保温。最好再蒸一下，杀死其中的微生物和酶停止其活动。这样，甜酒就制作成功。

曲陀关甜白酒主要采用糯米酿造而成，营养丰富，色泽金黄，清凉透明，口感醇甜，糯米甜酒特有的香气，风味独特，老少皆宜，富含多糖、矿物质、有机酸、氨基酸和 B 族维生素等营养成分。因此，具有很多独特的功效，中医认为：甜白酒味甘、性温，能够补养人体正气，吃了之后会周身发热，起到御寒、滋补的作用，故而甜白酒最适合在冬天食用。糯米甜白酒的主要功能是

赵丽华甜白酒

温补脾胃，所以一些脾胃虚寒、常常腹泻的人吃了也能起到很好的治疗效果。此外，甜白酒还能够缓解气虚所导致的盗汗、妊娠后腰腹坠胀、劳动损伤后气短乏力等症状。中医典籍《本草经疏论》里对糯米的养生保健作用做了充分的说明，说糯米是“补脾胃、益肺气之谷。脾胃得利，则中（指人体胃部）自温，力便亦坚实；温能养气，气顺则身自多热，脾肺虚寒者宜之”。所以食用糯米制作而成的甜白酒，对人体也是大大有益。由于糯米黏滞、难以消化，所以吃时一定要注意适量，儿童最好不吃。而甜白酒刚好解决了直接吃糯米的一些弊端，经过发酵以后，糯米变得柔软，香滑可口，是老少咸宜的滋补佳品，甜白酒更可煮鸡蛋，是早餐必备的佳品。

如今，甜白酒已成为曲陀关的一大产业。每次从曲陀关经过，不知不觉就醉了！

❶ 精心酿制甜白酒

❷ 甜白酒之乡曲陀关

金丝银线杨广面

金丝银线杨广面，非昔日之盐水面条和碱水面条。它下水耐煮而且柔韧、口感好。不仅在省内外市场拥有较高的知名度和占有率，而且还远销东南亚和北美市场，远近闻名。它传承了百年的历史工艺，又不断创新，奋斗目标日益提升：它奉献给食用者的，不仅仅是美食，还是有益于人体健康的保健佳品。

掐指算来，从清光绪二十年（1894 年）至今，杨广面条已有一百多年的历史。当年，杨广人就凭着一张石磨、一把筛子，创建了手工面条加工厂。20 世纪 70 年代，杨广面条凭借着有小龙潭山泉水的天然优势，再加上选料认真，制作精细，杨广面条因下水耐煮而且柔韧、口感好而远近闻名，畅销昆明、思茅（今普洱）、红河等地。1978 年以后，一些杨广人自带机器到昆明、楚雄、大理、文山等地生产杨广面条，满足当地用户需要。1984 年，10 多户人家就用小型面粉机、面条机，把杨广面条做到了年产 1500 吨的规模。1989 年，杨广村以集体的名誉注册了“杨广牌”商标。20 世纪 90 年代年代，杨广面条再次迅速崛起。本县市场叫好，昆明、红河、文山、思茅等地市场及四川、贵州等省外市场也是一片叫好之声，杨广面条成为杨广村及杨广镇的支柱产业。“杨广牌”商标，2004 年被评为“云南省著名商标”。

2005年，杨广村面条总产值近2亿元，2006年达到2.1亿元，两年都占了全村工业总产值的90%。2007年10月，由宏达、兴宏、通达及其余31户面条厂及几个自然人合资组建的“云南杨广红达食品有限公司”，严格按照QS认证和GMP标准建设，占地120亩。“云南杨广红达食品有限公司”的诞生，实现了杨广面条的规模化、规范化生产，为把杨广面条的“杨广牌”这一著名商标打造成全国知名品牌打下了坚实基础。

杨广村的面条生产，带动了杨广镇食品生产，形成了“村村开工厂，家家有能人”的局面，杨广镇因而有了“面都”之称。

用与时俱进来形容杨广面的发展史最恰当不过了，杨广面条不仅传承了百年的历史工艺，而且不断创新。如今的杨广面条，不仅彻底根治了顽固地铭刻在我头脑中的盐水面条和碱水面条令我不寒而栗的两个极端。无论是蔬菜面系列、

杂粮面系列、鸡蛋面系列、大众面系列中的哪一种杨广面条，都是金丝银线，人吃人爱的美食。普洱养生面条的诞生，这说明，杨广面条的奋斗目标又上升了一层，它奉献给食用者的，不仅仅是美食，还是有益于人体健康的保健佳品。

如今的杨广面条，不仅在省内外市场拥有较高的知名度和占有率，而且还远销东南亚和北美市场。2007 年至今，企东面条厂生产的各种面条，被指定为中华人民共和国第六支赴海地维和警察防暴队的专用食品。

杨广面已成为家喻户晓的通海美食，愿她的香味越飘越远……

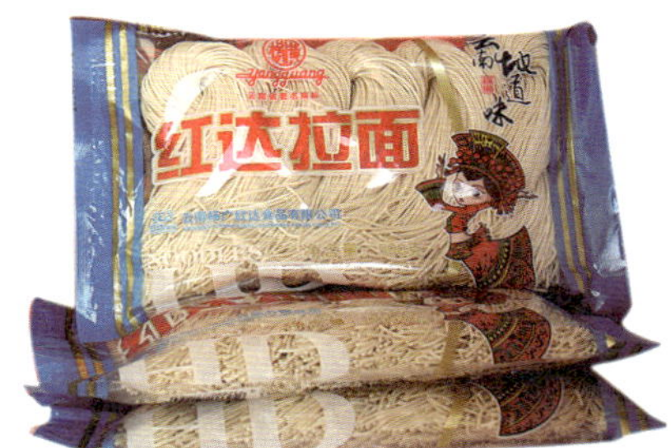

舌尖上的通海

通海饮食文化渊源流长，以食材选料精细、烹饪技术精湛、色香味俱全在明末清初就誉享四方，品尝通海美食是外地人到通海的一大愿望。

通海传统饮食文化的形成，历史悠久，源远流长，是滇菜的重要组成部分。在几百年漫长的历史进程中，通海饮食融合了各民族的饮食文化的精髓，形成了具有鲜明的地方民族特色的风味美食，几百种菜系小吃，凸显了通海饮食文化的复兴繁荣……

通海人历来讲究吃，文雅好客，亲朋好友上门，一定要留下设家宴款待。客人的到来，主人会根据地域做出适合客人口感的饭菜。精细、风味多样是通海人做菜的第一要素，江南菜一定是清淡少油鲜美，北方菜一定是重油肥腻，两广福建菜一定是甜咸相宜，云贵川一定是火辣麻酸。

通海菜肴美食名目繁多，通过两百多年的演变，本土饮食综合外来菜系的融合，归结起来有四个大类及本地风味的烹制与调配料。

翻花乌鱼

肉食类：通海风味的宫保肉丁。用瘦精肉切成肉丁，配上葱白、生姜、酱油、干红辣椒、盐、料酒、淀粉芡。锅上火后加菜油，烧至五成热，将肉丁入油锅散炒后倒入漏勺中沥油，用锅里余油炸红干辣椒，再放姜片炒香，随即放葱、肉丁下锅，浇淀粉芡，趁火势翻拌，淋少许芝麻油出锅。宫保肉丁的特点：肉丁软嫩，鲜辣各味兼有。同时用上述作料根据各类肉质可以变化为宫保鸡丁、宫保肉片、宫保鱼片（丁）、宫保兔丁、牛丁等，特点味道会随着肉质的变化各具特色。

海鲜类：通海杞麓湖为通海的美食提供了得天独厚的条件。通海名菜炒乌鱼片的乌鱼就是本土物种。生长于杞麓湖的乌鱼体大圆滑，肉质嫩美，清鲜润口的鲶鱼是通海上等宴席不可缺少的汤菜，都是杞麓湖赐给通海人美味的鲜物。

炒乌鱼片：用大乌鱼切成片状，配上蒜片、野生细木耳、薄荷、韭菜白头、食盐、味精少量。爆炒，火候要恰到好处，不然鱼片变老有渣，失去滋润口感。炒好装盘再撒上薄荷。炒乌鱼片的特点：色泽亮白，鱼肉鲜嫩。味道咸辣兼存薄荷的清香，历来是通海的名菜之一。

太极黄鳝：太极鳝鱼是通海蒙古族具有的特色食品。烹制方法：将活鳝鱼放入一盆清水中，滴入香油使其洗净胃肠，鳝鱼肚中脏物变成泡沫排出体外，取清水漂洗数次，捞起配上花椒、草果、八角、盐、酱油。放清水和鳝鱼入锅，盖锅盖，升火后鳝鱼受热蹦跳，卷成一团，如太极状，待作料水分焖干后，掌握火候不致焦糊或不熟，起锅装盘，撒薄荷。吃的时候边吃边剔骨头，味鲜甜香，此道菜受到滇南一带食客的青睐、赞誉。

药膳类：通海人懂得养身之道，药膳则是人们根据不同季节而烹制的适合滋补身体的膳食。著名的有三七汽锅炖乌鸡、附片炖猪肚子、大草乌煮鸡、细黑药炖肉等数十种药膳。

人参汽锅乌鸡：嫩乌鸡宰杀洗净后，从背脊处开口取出

红烧肉

兴蒙蒙古族烤鸭

内脏，在胸部再开一口，在沸水锅中焯水，胸腔扣在汽锅中部的气管上，锅内注入清汤，加盐、胡椒调味。将人参发水，连水一起放入汽锅内，加姜块、葱头，上笼或在土锅中蒸两小时，取出拣出葱、姜，放少许味精即可。特点：汤汁清澄，味鲜醇微苦，药膳佳肴其菜肴可变化，将主料换成土鸡、鸽子或鹌鹑等都称为人参汽锅系列全鸡。辅料中的人参可换冬菇、银耳、枸杞、三七、天麻，都是通海地区人们的最佳药膳保健食品。

山珍类：山珍是通海美食的一大特征，夏季山里生长的各类食用菌，可以加工几十道美味菜肴，是大自然对人类的馈赠。

臭参（也称臭药）是通海特产，享誉省内外，尤以五垴山臭参为好。臭参既可药用，又可做成宴席上的美味佳肴。作为药物，有健脾、理气、除胀满、舒胃的作用；用作菜肴，可与肉、排骨、鸡等清炖，或用汽锅清蒸。也可切片做成凉拌菜或与青辣椒一起捣细生吃，味道清香可口。

高大山药：通海县高大乡地处河谷，海拔1400米左右，终年气候变化不大，气温较高，空气湿度大，加之土壤很适合山药生长。这里出产的山药特别好，皮薄、块茎大，洁白细腻，做成菜后，吃起来口感好，润和味鲜，黏度适中。可入药，有消食、健脾胃作用。

油炸鸡纵：将鸡纵洗净，切成长6厘米，加盐腌渍片刻，调配料，干红辣椒切成小段待用，花椒少许，将菜油放入锅中烧热，将腌过的鸡枞挤干水分放入油锅中，大火炸干水分，小火养至金黄色捞出装入汤缸中滤去油，用留余锅中的油将干辣椒、花椒炸香浇在鸡纵里浸泡两三天即可食用。其成菜的特点：鸡纵经腌炸后色泽金红，味鲜香爽口，油润味醇，是中高级筵席的冷碟。其菜肴有变化，还有油炸干巴菌、油炸牛肝菌等都是通海山珍野味的代表菜肴。

酥炸蜂蛹：把蜂巢饼放在火上将巢盖烧开，蜂蛹拣出放入盘里上笼蒸倒入箩筐内，放在阳光下或通风处晒干。锅上火注入花生油适量烧六成热时，下蜂蛹稍炸，端离火口，待其炸泡至金黄色时，迅速连油一齐控入漏勺内，撒上椒盐拌匀装盘即成。成菜特点：酥脆，香味独特，有很高的蛋白质含量。

通海风味小吃是本土饮食的基础，闻名遐迩的通海糯米粑粑、葱花饼、甜咸凉粉、凉米线、牛肉汤粑粑、豌豆粉蘸油条，是外地人首选的风味小吃，也是海内外通海籍赤子永恒记忆中魂牵梦萦的故乡美食。此外，还有几样特色食品也很有名：

黄豆油卤腐：是通海传统咸菜之一。用经过发酵的黄豆豆腐，配以蔗糖、白酒、辣椒、精盐、香料、食用植物油等辅料精制加工而成。该产品生产历史悠久，风味独特，含有丰富的蛋白质，营养丰富，色泽鲜亮，口感细腻，咸辣爽口，是旅游佐餐的理想佳品。1981 年被玉溪地区评为优秀食品。

黄芥菜丝：通海老拨云堂食品调味厂生产的黄芥菜丝，采取科学加工技艺，配以家传作料，首创“精制黄芥菜丝”。融咸、酸、甜、香为一体，入口脆嫩，用铝箔塑袋密封包装，易于保存，方便携带，深受省内外消费者的欢迎。荣获云南省旅游优秀食品称号。该厂以祖传秘方，科学方法生产的“五香卤粉”，气味芳香，卤味独特，畅销大江南北，在香港市场亦受欢迎。曾荣获云南省优秀食品称号，全国行业奖牌。

萝卜丝：通海晒制萝卜丝已有上百年历史。萝卜丝系采用上等白萝卜洗净后用一种特制的推刀推成细丝，用竹帘晒干后卷折而成的萝卜丝叠子。既可直接做成菜肴上桌，也可单独腌制成咸菜或与青菜、香椿、蒜薹等一起腌制成混和咸菜。通海萝卜丝久已闻名，目前尤以河西镇的汉邑、东渠、曲陀关等办事处山地萝卜制作的萝卜丝最为上乘。这些地方种出的萝卜洁白细嫩，糖分高，制作的萝卜丝润和有甜味，颜色白而鲜。目前每年有数百万斤销往日本和我国台湾等地。

通海的素食文化在滇南一带有着深远的影响，加上近年来通海政府推出的素食文化旅游节，更加凸显出素食文化与宗教文化的融合而形成的支柱产业。通海自古佛教盛行，念佛吃斋有着庞大的群体，除寺院的斋厨，旧时设有专门的素食场所和烹制素食的大厨，素食的场所是十分清雅规矩的，因为素食的群体不仅是佛教徒、僧人，还有文人雅士和看破世俗清心寡欲的居士。

榨菜

素食本身就是一种修为，故而素食的场所环境都是豪华的府第花厅斋堂，点缀花桩盆景，名家书画，焚香抚琴，置上清一色古香古色的木雕桌椅。素食场所没有荤食场所的行酒划拳的喧嚣和粗俗的酗酒狼藉的状态。素食的品种上百，而且烹制的食材价值要比荤食高一倍多，烹饪的功夫也比荤食精湛得多。烹饪素食主要是蔬菜、花生、豆腐、山珍，植物为主要食材。

❶

兴蒙蒙古族太极鳝鱼

通海人历来注重吃，吃得风雅，吃得新奇，吃得别致。旧时通海家道殷实的官商绅士，都不定期地举行盛宴。这些地方绅士的家宴比民间的宴席要高贵得多，宴席的食材品种都是通海有名的山珍海味、肉禽，就连宴席的选地也是装饰华丽的深宅府院和花园，秀山及野外的名胜，碗盏都是青花釉瓷牙骨筷，有调桌安椅的家丁，有设摆酒盅器皿的丫鬟，举行家宴要请洞经古乐伴奏，以显宴席的高雅尊贵。

通海的文人雅士大凡春天盛夏，金秋冬至，都聚集城外名胜，或置酒席于山麓溪水，列饬于泉边瀑下，酒浓清香甘洌，佳肴美味香飘山野，文士们一酒一诗，一箸一唱和，这种风雅的文人佳宴延续至今。

改革开放以来的三十余年间，通海的饮食发展迎来了历史上的鼎盛时期，如雨后春笋般的饮食业各自推出了自己的品牌。古城以通海老南街饭店为传统美食代表，海云餐厅、通印大酒店为龙头的餐饮企业，在保持了通海几百年来的传统烹饪风味的基础上，进行了创新，推出了具有现代饮食科学、养生学的一大批适用于各种层次的新型菜系。以民族特色为代表的饮食群体相继发展，兴蒙蒙古族开创了北方草原民族的传统风味的菜系，里山彝族系列饭店，以本民族的美食风味，誉驰滇南，形成通海餐饮文化的一道道亮丽的风景。而遍布古城、乡镇的各种风味小吃，照样为通海的美食文化的辉煌增添了浓重的一笔。

追溯通海的饮食文化的衍变，是从漫长的历史长河中一步一步的复兴、繁荣起来的。自清初通海风味美食逐渐名声鹊起，继而赢得小云南的桂冠，与明初朱元璋十万中原明军平云南，部分将士留驻通海所带来的中原饮食文化的传播有着很重要的因素。

❶ 炟猪脚

油淋干巴

每个地区的饮食文化，有每个地域的风味特色。而通海的风味饮食集南方、北方、云贵川于一体，适应了南来北往各种客人的饮食习惯，以满足通海作为通江达海的交通要道的需要。

通海美食文化的历史，是在土著民族（彝族）和元朝北方蒙古族饮食的基础上融入了中原各省的饮食元素。外来饮食文化奠定、铸造了通海美食的特殊性和多样化。通海美食文化，是通海多元化文化中的一朵绚丽奇葩，是历史对通海的一份珍贵的馈赠。

后记

历史文化名城通海是中国云南一座依山傍水的小城，她历史悠久、文化厚重、经济繁荣、人才辈出、精致灵秀，素有“秀甲南滇”“礼乐名邦”“冠冕南州”之美誉，是一个非常适宜人类居住的地方。四千五百多年前的新石器时代，居住在杞麓湖边的人们就已经过着在水中捕鱼捉蟹、在地上打猎种地的生活，先民们学会了制作精美的石器工具和石环、石块、石珠等工艺品，远古的文明开始在通海孕育发展，沧海桑田，历经数千年，句町古国、麓泠水道、通海城路、通海郡、都元帅府都成了通海最辉煌的历史记忆，留下的是青翠欲滴的秀山、文化积淀厚重的古城、“山环海镜”的杞麓湖，以及“小云南”“小昆明”的繁华。

杨升庵游览江川、通海后赋诗“通海江川湖水清，与君连日镜中行。自是人生不寻乐，莼鲈何必羡江东？”徐霞客在《滇游日记二》中叹“迤东之县，通海为最胜”。钱南园《雨宿通海》诗云“孤城临水背依山，忆在江南烟雨间”。朱德委员长称通海“此地文物盛，花桩百样殊”。名人雅士称颂如此，皆因通海这座小城傍依秀山所致。秀山、古城与杞麓湖相互映衬，比较完整地保留了一种自然风貌、一块民俗土壤、一股历史气韵……它正生长和发展在它所特有的精神和历史文化的土壤和空气中。

在县委、县政府的重视及关心支持下，《文化玉溪·通海》编辑出版了，她的问世为弘扬通海传统文化献上了一份厚礼，为全面展示通海的秀美山川、灿烂文化绘就了一幅幅美丽的画卷。文化是一个地方的根与魂。文化蕴藏在城乡的每个角落，滋养着每个人的心灵，当我们翻开这部书时，再次一字一句阅读时，再次咬文嚼字时，我们能感受到的是一种文化的震撼。经过反复讨论和征求意见，我们把《文化玉溪·通海》定位为"礼乐名邦"和"秀甲南滇"两大主题，全书围绕这两个主题分为三大部分：第一个部分为"礼乐名邦"，主要展示通海悠久的历史、灿烂的文化和杰出的人才，内容充满了厚重的历史和人文气息；第二部分为"秀甲南滇"，主要展示通海秀丽的山川、丰富多彩的民族民间文化；第三个部分为"通江达海"，主要展示通海传统名特产品、手工艺品及多姿多味的特色美食，为读者铺开一幅了解通海文化旅游资源的美丽画卷。

《文化玉溪·通海》是一部全面反映通海历史文化、人文风情的文化散文。写法是一次大胆的创新，用散文的笔法写文化，对写作者的要求很高。最感欣慰的是知名作家杨家荣先生全程参与指导并亲自撰写多篇美文，为本书增光添彩；赛荣华、孔华、杨世德、赵宝林、王武英、马恒襄等本土知名散文家倾情创作，充分展示了通海文学创作的深厚功底和实力；摄影家协会杨晓敏、龚汉明等为本书的配图辛勤劳作、精心挑选照片四百余幅。全书编纂历时一年半，共计十二万余字，图文并茂，装帧精美，优美的文字、精美的图片为广大游客提供了一个深入了解通海的窗口，对于全面掌握通海文化旅游资源、深入研究通海厚重多彩的文化，推进通海文化旅游业的发展必将起到积极的推动作用。

此次编辑《文化玉溪·通海》，目的是全面展示通海文化的独特魅力，但是由于篇幅所限，不能面面俱到，所选篇目和内容经过多次讨论、修改，最终成书。编者学识和水平的局限，加之时间仓促，书中错误和疏漏难免，敬请读者指正。

本书编辑过程中，县委、县政府领导高度重视并给予关心和支持；资深文化学者杨千成先生给予精心指导；所有编辑人员、文章作者及照片提供者均付出了艰辛的劳动，在此一并表示感谢！

愿《文化玉溪·通海》吸引更多的读者走进通海、认识通海、热爱通海……